KB205771

Summary of the Matthew
마태복음 핵심강해

이 요 나 지음

홀리북스

Summary of the Matthew
마태복음 핵심강해

저자 이 요 나
출판 홀리북스

등록 제2014-000225
주소 06102 서울시 강남구 언주로 608 303
전화 02-546-5811
팩스 02-798-5412

가격 10,000원

- 목 차 -

권면의 말씀

주께서 제자들에게 "내가 올 때에 세상에서 믿음을 보겠느냐?"하신 말씀이 더욱 새로워지는 때입니다. 이는 세상이 빨라질수록 교회 안에서 성경 말씀이 사라지고 그만큼 종교화되고 있다는 뜻입니다.

그날이 가까울수록 세상은 혼돈해지고 배교의 문은 더욱 넓어져 교단들의 교리가 활개를 치며, 공공연하게 교회 안에서도 이혼과 음주 생활과 동성애가 정당화되고 신자들의 삶이 물질 제일주의와 쾌락주의로 빠져들고 있습니다.

주님은 장차 교회시대에 펼쳐질 두 세대를 예고하시며 "누구든지 이 음란하고 죄 많은 세대에서 나와 내 말을 부끄러워하면 인자도 아버지의 영광으로 거룩한 천사들과 함께 올 때에 그 사람을 부끄러워하리라"(막 8:38) 경고 하셨고, 다시 "믿음이 없는 세대여 내가 얼마나 너희와 함께 있으며 얼마나 너희를 참으리요"(마 17:17) 한탄하셨습니다.

여기서 말씀하신 '음란하고 죄 많은 세대'란 교회시대에 나타날 죄에 빠진 세상의 풍조이며, 또 '믿음이 없고 패역한 세대'란 음란하고 죄 많은 세상 풍조 속에서 아무런 역할을 하지 못하고 신학적 논쟁을 일삼는 교회의 풍조를 말씀하신 것입니다. 안타깝게도 이 두 세대는 이미 우리 앞에 펼쳐져 있습니다.

그러면 오늘날 이 말씀을 대면하는 우리 교회들은 무엇을 해야 할까요? 그것은 바로 성경의 말씀으로 돌아가는 것입니다. 그것이 바로 복음의 길입니다. 성경의 진리만이 음란하고 패역한 우리를 온전케 할 수 있으며 하나님의 말씀만이 우리를 지킬 수 있습니다.

그러므로 바울은 "그가 혹은 사도로, 혹은 선지자로, 혹은 복음 전하는 자로, 혹은 목사와 교사로 주셨으니 이는 성도를 온전케 하며 봉사의 일을 하게 하며 그리스도의 몸을 세우려 하심이라"(엡 4:11,12) 증거하였습니다. 이것이 우리와 같은 복음 사역자들을 세우신 목적이기도 합니다.

주님은 하늘로 오르시면서 제자들에게 "내가 너희에게 분부한 모든 것을 가르쳐 지키게 하라 볼지어다 내가 세상 끝날까지 너희와 항상 함께 있으리라 하시니라"(마 28:20) 분부하셨습니다. 이 말씀은 지상명령의 결론구입니다. 이제 우리는 그 명령을 실천해야 할 때입니다.

이 작은 책이 혼돈의 시대를 살아가는 예수 그리스도의 사람들의 영혼을 위로하는 복음의 메시지가 되시기를 기원합니다. 아멘!

이요나 목사

예수 그리스도의 세계

(마태복음 1:1) 아브라함과 다윗의 자손 예수 그리스도의 세계라

마태는 서두에서 "아브라함과 다윗의 자손 예수 그리스도의 세계라" 기록하였다. 여기서 세계란 '기원'을 뜻하는 헬라어 '게네시스'(genesis)라는 단어로서, 구약에서 창세기 5장에서 사용되었고 신약에서는 여기서 단 한번 사용되었다.

이스라엘 백성에게 있어 아브라함은 하나님께서 이스라엘 민족을 택하시고 부르신 민족의 기원이며, 믿음의 조상이다. 또한 다윗은 열방을 통치하기 위해 주께서 기름 부어 세우신 통치자 곧 메시아의 모델이다. 그러므로 아브라함과 다윗의 자손이란 하나님의 택하신 선민으로 위대한 민족을 자부하는 특별한 의미를 부여한다.

흥미롭게도 마태는 예수 그리스도의 계보에서 특별한 네 여인들을 소개하고 있다. 이 여인들은 오늘날과 같이 여권신장의 시대에도 별로 환영 받지 못할 위치에 있는 여인들이다. 먼저 마태는 3절에서 "유다는 다말에게서 베레스와 세라를 낳고…"라고 기록하였다.

다말은 유다의 장남의 처 곧 큰 며느리이다. 그런데 큰 아들이 자식을 낳지 못하고 죽자, 유다는 장남의 계보를 잇기 위해 며느리 다말을 둘째 아들에게 주었다. 그러나 둘째 아들은 자식을 낳아도 자기에

게 유익되지 않음을 알고 다말과의 잠자리에서 땅에 사정을 하는 죄를 범하여 하나님께 죽임을 당했다.

졸지에 두 아들을 잃은 유다는 막내아들까지 화를 당할 것을 두려워해 다말에게 '셋째가 장성할 때까지 친정에 가 있으라' 하였다. 사실 유다는 장자의 승계를 포기할 심산이었다. 그러나 셋째 아들의 나이가 차도록 자신을 부르지 않자 다말은 어떻게 해서라도 남편의 대를 잇기 위하여 기회를 엿보고 있었다.

어느 날 시아버지 유다가 상처한 마음을 달래기 위해 친구 아둘람 사람 히라와 함께 딤나에 올라 왔다는 소식을 들은 다말은 머리에 수건을 두르고 창녀의 복장을 하고 길가로 나가 유다를 유혹했다. 그녀가 자부인줄 모르는 유다는 도장과 끈을 담보로 맡기고 관계를 가졌다. 며칠 후 유다는 친구에게 몸값을 주어 도장을 찾으려 보냈으나 다말을 찾지 못하였다. (그 지역에는 창녀가 없다고 주석 되었다)

후일 다말이 임신하여 배가 불러 오자, 유다는 간음한 며느리 다말을 끌어내어 죽이려 하였다. 그때 다말이 내가 이 도장과 끈의 임자로 말미암아 애를 갖게 되었다고 증거물을 내어 놓았다. 이렇게 하여 다말은 쌍둥이 형제 세라와 베레스를 낳아 유다의 계보를 잇게 되었다.

또한 5절에는 가나안 기생 라합이 기록되었다. 이 일은 애굽에서 나온 이스라엘이 약속의 땅 가나안 땅에 들어갈 무렵에 있던 일로서, 여호수아는 가나안 땅에 들어가기 전 첫 성 여리고에 두 사람의 정탐꾼을 보냈다.

두 정탐꾼은 여리고 병사들에게 쫓기어 성문 옆에 있는 라합의 집으로 피신하게 되었는데, 라합은 그들에게 후일 나와 가족을 구원해 달라고 약조를 받고 그들을 구해 주었다. 이로서 라합과 그의 가족은 구원을 얻었고 그녀는 정탐꾼 살몬과 결혼을 하여 룻의 남편인 보아스를 낳았다.

세번째는 모압 여인 룻이다. 이 여인은 룻기에 나오는 나오미의 며느리로서 일찍이 과부가 되었다. 남편과 두 아들을 잃고 이방에서 살아갈 소망을 상실한 나오미는 과부 된 며느리와 함께 고국으로 돌아와 토지 무르기로 남편의 땅을 찾아 준 친척 보아스에게 관심을 갖게되었고, 과부 며느리 룻을 보아스의 잠자리에 들게 하여 다윗의 아비 이새의 아비 오벳을 낳았다.

또한 6절에는 '다윗은 우리야의 아내에게서 솔로몬을 낳고'라고 소개되었다. 우리야의 아내는 말할 것도 없이 솔로몬의 어미 밧세바이다. 다윗과 밧세바의 만남은 그 남편 우리야가 전쟁터에 나간 사이, 목욕하는 밧세바의 미색에 이끌린 다윗이 간음을 하였는데 그만 임신을 하게 되었다.

밧세바의 배가 부르기 전에 그 일을 숨기려고 우리야를 불러들여 잠자리를 갖게 하였지만 충심을 가진 우리야가 집으로 가지 않고 병영에 머물러 있자 다윗은 할 수 없이 군대장관에게 편지를 써 보내어 우리야를 전쟁에 앞장 서게 하여 적군의 칼에 죽게 만들었다. 결국 간음은 살인을 불러 일으킨 것이다.

다윗은 이일을 은밀히 숨겨 오다가 선지자 나단을 통해서 고발되었고, 다윗은 그때서야 회심을 하게 되지만 간음으로 얻은 아이는 다윗이 금식하며 회개하였음에도 결국 죽고 만다. 그후 밧세바는 다윗의 정실이 되어 다윗의 후계자 솔로몬을 낳았다.

지금까지 언급된 메시아의 계보에 든 네명의 여인들을 보면 참으로 기가 막힌 일이 아닐 수 없다. 이러한 여인들이 거룩하신 하나님의 아들 예수를 낳은 족보에 들어 왔다는 것은 사람의 생각과 율법의 권위를 뛰어 넘은 하나님의 자비와 은혜가 아닐 수 없다.

거룩하시고 기묘자 되시는 하나님! 하나님의 오묘하신 지혜와 경륜은 인간의 지혜로는 가늠할 수 없습니다. 하나님께서 행하신 이 모든 일들은 오직 이 땅의 죄인된 모든 인류를 구원 하시기 위한 하나님의 사랑이오니 부디 높으신 뜻이 이루어 지기를 기도합니다. 예수님의 이름으로 기도합니다. 아멘

[핵심연구]
1. 다말이 낳은 아들은 누구의 아들인가?
2. 기생 라합은 어떻게 메시아 계보에 들어 왔는가?
3. 룻이 낳은 아들은 누구인가?
4. 밧세바에 대하여 묵상하라.

마리아가 낳은 예수

(마태복음 1:16) 야곱은 마리아의 남편 요셉을 낳았으니 마리아에게서 그리스도라 칭하는 예수가 나시니라

마태는 메시아의 계보를 시작하면서 "아브라함과 다윗의 자손 예수 그리스도의 계보라"(1) 기록하였다. 그러나 우리는 곧 계보상의 몇가지 중요한 미스테리를 발견하게 된다.

마태가 언급한 아브라함과 다윗의 계보에 대한 성경적 증거는 하나님께서 일찍이 아브라함에게 "내가 네게 큰 복을 주고 네 씨로 크게 성하여 하늘의 별과 같고 바닷가의 모래와 같게 하리니 네 씨가 그 대적의 문을 얻으리라"(창22:17) 약속하셨고, 또한 다윗에게 친히 "네 씨 곧 네 아들 중 하나를 세우고 그 나라를 견고하게 하리니"(대상 17:11)라고 약속하신 바 있다.

여기서 네 씨란 곧 메시아이다. 그러므로 누가 자신이 재림 예수인 것을 증명하려면 먼저는 자신이 아브라함의 자손임을 증명해야 하고 또 자신의 계보가 다윗 왕의 족보인 것을 증명해야 할 것이다. 그러므로 문선명, 이만희와 같은 사람들이 자신이 재림 예수라고 말하는 것은 비성경적인 이단사설이다.

그러나 우리는 메시아의 계보를 증명함에 있어 또 한 가지 간과하지

못할 성경 예언이 있다. 후일 하나님은 예레미야를 통하여 "그 자손 중 형통하여 다윗의 위에 앉아 유다를 다스릴 사람이 다시는 없을 것임이니라"(렘22:30) 예언하셨기 때문이다. 이는 유다의 왕 요시야의 손자 여호야김의 아들인 여고냐에게 하신 말씀으로 바벨론 느부갓네살에 의해 성취되었다.

유다왕 여고냐는 느부갓네살에 죽임을 당하고 왕위는 숙부 시드기야에게 이양되었으나 시드기야가 예레미야의 경고를 무시하고 친애굽 정책을 펴 결국 느부갓네살에 의해 두 눈이 뽑힌 채 바벨론으로 압송되어 죽임을 당하여 실제로 여고냐(여호야긴)의 왕위는 더이상 잇지 못하고 유다왕국은 멸망하였다.

그럼에도 마태는 "야곱은 마리아의 남편 요셉을 낳았으니 마리아에게서 그리스도라 칭하는 예수가 나시니라"(16) 기록하므로 메시아의 계보를 이어서 기록하였다. 그렇다면 과연 성경은 하나님께서 예레미야로 미리하신 말씀을 무시한 것일까? 그럴 수 없다. 그렇다면 성경의 권위는 상실 될 것이다. 그러면 어떻게 성경의 상반된 두 계시들을 함께 성취할 수 있었을까?

성경은 다윗의 족보와 관련된 3가지 계보를 소개하였는데, 그중 가장 오래된 것은 역대기상 3장의 계보이며, 또한 마태복음과 함께 누가복음에도 예수 그리스도의 계보가 기록되었다.

여기서 흥미로운 것은 마태와 누가의 계보는 다윗에 이르러 서로 다른 이름으로 이어지고 있는 것이다. 마태는 1장 6절에서 다윗의 아들

솔로몬을 중심으로 왕의 계보를 기록하여 마리아의 남편 요셉에 이르고, 누가는 누가복음 3장 31절에서 다윗의 또 다른 아들 나단의 계보를 통하여 마리아에 이르기 때문이다.

이 상황은 역대상의 계보를 통하여 이해할 수 있게 되는데, 역대상 3장 5절에 "예루살렘에서 낳은 아들들은 이러하니 시므아와 소밥과 나단과 솔로몬 네 사람은 다 암미엘의 딸 밧수아의 소생이요"라고 기록되었기 때문이다.

여기서 밧수아는 밧세바를 칭한 것으로 그녀는 솔로몬 외에 세 아들이나 더 두었음을 알 수 있다. 따라서 요셉은 다윗의 후계자 곧 솔로몬 왕의 계보를 이은 아들이며, 마리아는 다윗의 또 다른 아들 나단의 족보이다. 그러므로 성경은 요셉이 예수를 낳았다 기록하지 않고 "마리아에게서 그리스도라 칭하는 예수가 나시니라" 기록한 것이다.

나의 주 예수 그리스도의 아버지이신 만군의 하나님! 주의 거룩하고 위대하신 이름을 송축합니다. 예정하신 주의 백성들을 구원하시기 위해 아들 예수의 이름을 지켜오심을 감사하오며, 하늘과 땅의 모든 권세와 영광이 아들 예수 그리스도 위에 세세 무궁하옵기를 기원하옵니다. 아멘.

[핵심연구]
1. 마태는 예수 그리스도를 왜 아브라함과 다윗의 자손이라 했는가?
2. 성경은 왜 마리아에게서 예수가 나시니라 기록하였는가?
3. 예수 그리스도는 누구의 아들인가?

메시아 계보의 미스테리

(마태복음 1:17) 그런즉 모든 대수가 아브라함부터 다윗까지 열네 대요 다윗부터 바벨론으로 이거할 때까지 열네 대요 바벨론으로 이거한 후부터 그리스도까지 열네 대러라

우리는 마태복음 1장의 메시아 계보를 읽으며 아이러니한 부분을 발견하게 된다. 그것은 바로 "그런즉 모든 대수가 아브라함부터 다윗까지 열네 대 요 다윗부터 바벨론으로 이거할 때까지 열네 대요 바벨론으로 이거한 후부터 그리스도까지 열네 대러라"(17)는 기록이다.

우리가 아무리 아브라함부터 예수 그리스도까지의 계보를 추적해 보아도 '아브라함부터 다윗까지 열네 대', '다윗부터 바벨론으로 이거할 때까지 열네 대', '바벨론으로부터 그리스도까지 열네 대'라는 기록은 정확한 수리가 아니기 때문이다.

우선 8절의 요람과 웃시야 왕 사이에는 세 왕, 곧 아하시야, 요아스, 아마샤의 이름이 빠져 있다. 그들은 모두 아합의 자손으로 아합의 이방인 처 이세벨이 낳은 딸 아달랴의 아들들이다.

그들의 계보를 살펴 보건데, 이세벨은 이방의 오므리 왕의 딸로 이스라엘의 왕 아합의 처가 되어 이방신 바알을 끌어들여 450명의 제사장을 두고 이스라엘 백성들로 바알을 따르게 하였고 후일 예후에

게 죽임을 당하였다. 그후 유다왕 여호람이 이세벨의 딸 아달랴에게서 낳은 아하시야도 예후에게 살해되자, 아달랴는 유다의 왕자들을 모두 죽이고 스스로 황태후가 되어 6년간 유다왕국을 치리하였다(대상 22:10,왕하 11:1).

다행히 여호람의 딸이며 아하시야의 누이인 대제사장의 아내가 아하시야의 어린 아들 요아스를 성전 안에 숨기어 몰래 키운 후, 후일 제사장을 중심으로 반란을 일으켜 아달랴를 죽이고 7살 된 요아스를 왕위에 앉히었다. 그러나 마태는 아달랴가 낳은 아들들 곧 아하시야, 요아스, 아마샤의 이름을 모두 다윗의 계보에서 삭제하였다.

또한 마태는 "요시야는 여고냐와 그의 형제들을 낳으니라"(11) 기록하면서 수치스런 왕 여호아하스, 여호야김, 시드기야의 이름들을 삭제하였다. 이들은 모두 느부갓네살에 의해 폐위되고 세워진 왕들이었기 때문이다.

그럼에도 마태가 분명한 역사적인 사실 속에서도 각 시대별로 하나님의 완전수 일곱의 배수인 '열네 대'라고 기록한 것은 이 모든 일들이 하나님의 예정과 계획대로 성취된 것임을 나타내려는 것이다. 그러므로 마태는 "이 모든 일의 된 것은 주께서 선지자로 하신 말씀을 이루려 하심이라"(22)고 기록하였다.

여기서 우리는 흥미로운 것을 발견하게 되는데 서술된 열네 대를 기점으로 년수를 환산하면 아브라함으로부터 다윗까지 1000년, 다윗으로부터 바벨론까지가 400년이고, 바벨론으로부터 예수 그리스도까지가 600년이 되므로 아브라함으로부터 그리스도까지가 2000년이 된다.

또한 지금까지 성경의 역사를 살펴 볼 때 아담으로부터 아브라함까지가 2000년에 이르고, 아브라함으로부터 예수님까지가 2000년, 예수님으로부터 지금까지가 2000년이 되었으므로 성경의 역사는 어림잡아 6000년이 된다. 이러한 년대들은 주님이 오셔서 1000년 왕국이 세워질 것이므로 하나님께서 일곱째 날에 안식에 드셨다 하신 말씀을 연상케 한다.

여기서 잠깐 열네 대의 삼배수 '42' 곧 '마흔 둘'에 대하여 생각해 보자. 성경에서 '42'이라는 숫자는 계시록에서 두 번 기록되었는데 이것은 모두 적그리스도와 관련된 숫자로서 "성전 밖 마당은 척량하지 말고 그냥 두라 이것을 이방인에게 주었은즉 저희가 거룩한 성을 마흔 두 달 동안 짓밟으리라"(계 11:2) 기록되었고 또한 "또 짐승이 큰 말과 참람된 말하는 입을 받고 또 마흔 두 달 일할 권세를 받으리라"(계 13:5) 기록되었다. 흥미롭게도 이 모두가 7년 대환난 동안의 일이다.

또한 마흔 두 달은 성경에서 또 다른 기법으로 기록되었는데 계시록 11장 2절에 "내가 두 증인에게 권세를 주리니 저희가 굵은 베옷을 입고 일천 이백 육십 일을 예언하리라"(계11:3) 기록되었고 또 "그 여자가 큰 독수리의 두 날개를 받아 광야 자기 곳으로 날아가 거기서 그 뱀의 낯을 피하여 한 때 두 때 반 때를 양육 받으매'(계 12:14)라고 기록되었다.

여기서 우리가 주목해야 할 것은 기록의 어법이 다를 뿐 '마흔 두 달'과 '일천 이백 육십일'과 '한 때 두 때 반 때'는 동일한 기간을 언급한 동일한 때로서 모두 삼 년 반의 기간에 속한다. 다만 그 역사하는 권세의 배경을 따라서 기법이 다를 뿐이다.

이로 보건대 '마흔 두 달'은 사단이 그리스도의 재림을 훼방하는 기간이고, '일천 이백 육십일'은 성도의 인내의 시간이며, '한 때 두 때 반 때'는 하나님의 시간이므로 이 말씀을 읽는 성도들은 눈여겨 보아야 할 말씀들이다.

우리가 이러한 수리적인 계산에 너무 마음을 빼앗겨 성경이 말씀하는 본질을 간과하는 것은 옳지 못하지만 이러한 수리적 해석을 통하여 이 땅에 역사하는 사단의 배후들을 이해할 수 있다.

사랑하는 하나님! 사탄의 역사적 훼방 속에서도 메시아의 계보를 지키시고 예수 그리스도께서 세상에 오게 하심을 감사드립니다. 우리에게 더욱 큰 믿음을 주시어 그리스도의 날을 보게 하소서. 예수님 이름으로 기도드립니다. 아멘.

[핵심연구]
1. 마태는 왜 아하시야, 요아스, 아마사의 이름을 삭제 하였는가?
2. 메시아의 계보를 세번에 걸쳐 열네 대라고 정한 것은 무슨 이유인가?
3. 일천 이백 육십 일, 마흔 두 달, 한 때 두때 반때는 어떻게 해석해야 하나?

그 이름 예수

(마태복음 1:21) 아들을 낳으리니 이름을 예수라 하라 이는 그가 자기 백성을 저희의 죄에서 구원할 자이심이라 하더라

마태는 18절에서 예수 그리스도의 탄생에 대하여 "예수 그리스도의 나심은 이러하니라 그 모친 마리아가 요셉과 정혼하고 동거하기 전에 성령으로 잉태된 것이 나타났더니 그 남편 요셉은 의로운 사람이라 저를 드러내지 아니하고 가만히 끊고자 하여"라고 기록하였다.

이스라엘의 혼인제도에는 '정혼'(engagement)과 '약혼'(espousa)과 '동거'(betrothal)의 세 단계가 있다. 정혼이란 부모들이 자녀들이 어렸을 때에 서로 혼인을 약속하는 것으로 15, 6세가 되면 두 사람은 일 년간의 약혼관계를 통하여 혼인을 준비하게 된다.

이때는 성인으로서 부모가 언약한 배우자에 대한 인정을 하는 단계로서 서로 깊은 관계를 갖지 않고 각자가 혼인 준비를 하게 되는데 오늘날 약혼의 관계와 같다고 하겠다. 그러나 이 약혼의 관계가 성립되면 양가와 당사자들이 결혼을 한 것으로 인정되기 때문에 만약 어느 한쪽에서 파혼을 하려면 정식 혼인자로서의 이혼의 절차를 밟아야만 한다.

이와 같은 약혼의 기간이 끝나면 결혼식을 올리고 부부가 되는데, 결

혼식 후 첫날밤에 신부의 아버지는 딸의 처녀성을 증명하는 흔적을 딸에게 받아 상자에 보관을 해두어 혹시 발생할지도 모를 처녀성 시비를 대비한다. 이만큼 그 시대에 있어 신부의 순결은 절대적이었다.

따라서 요셉과 마리아의 혼인 상태는 약혼의 단계로서 동거를 준비하는 기간에 속하였기 때문에 마리아가 임신을 하였다는 사실은 정말 큰 문제가 아닐 수 없다. 율법을 생명처럼 여기는 유대인으로서는 그러한 여인을 돌로 쳐 죽여야 하는 절박한 문제였다.

아무리 두 사람이 결백하고 성결하다고 해도 임신은 부부관계를 통해서만 성취되는 것으로 마리아의 임신은 요셉에게 있어 커다란 충격이었고 요셉은 양단간에 중대한 결정을 내리지 않으면 안 될 위기에 처하였다.

물론 우리는 누가복음에 소개된 천사의 수태고지나 '마리아의 찬가'(눅1:46-50)를 통하여 마리아의 정결한 믿음과 영적 상태를 능히 알 수 있지만 정혼 상태에서 나타난 수태 사실은 돌이킬 수 없는 커다란 곤경이 아닐 수 없다.

또한 믿음의 사람 요셉 또한 정혼녀 마리아를 사랑하고 그녀의 믿음이 어떤지를 알고 있었지만 현실 속에 나타난 수태의 사실은 변명의 여지가 없었을 것이다. 이에 의로운 요셉은 정혼자 마리아가 사람들에게 정죄를 당하지 않게 하기 위해, 조용히 매듭 지으려고 생각할 때에 주의 사자가 꿈에 나타난 것이다.

사자는 요셉에게 "다윗의 자손 요셉아 네 아내 마리아 데려오기를 무서워 말라 저에게 잉태된 자는 성령으로 된 것이라 아들을 낳으리니 이름을 예수라 하라 이는 그가 자기 백성을 저희 죄에서 구원할 자이심이라"(20-21) 전하였다.

여기서 "예수"는 히브리어 '여호수아'의 단축형 '예수아' 곧 '여호와는 구원이시다', '구세주이시다'를 뜻하는 헬라어 음역이다. 그러므로 천사는 '그가 자기 백성을 저희의 죄에서 구원할 자'라 증거한 것이다.

또한 여기서 '죄'(하마르티아)는 하나님의 뜻에 빗나간 화살처럼 범행한 죄 뿐이 아니라 인간의 모든 죄를 뜻하므로 예수는 모든 사람들의 구원자이신 것이다.

사랑하는 주님 감사합니다. 예수 그리스도의 탄생의 기록을 통하여 하나님의 예정과 계획에 관한 계시의 말씀을 살펴보게 하심에 감사드립니다. 또한 이 말씀들을 통하여 아직도 주께서 우리 가운데 함께 하시며 미리 말씀하신 성경의 말씀들을 성취하고 계심을 감사드립니다. 부디 우리로 예수 그리스도의 다시 오심을 준비하는 온전한 성도가 되게 하소서. 예수 그리스도의 이름으로 기도합니다. 아멘.

[핵심연구]
1. 예수는 무슨 뜻인가?
2. 그리스도는 무슨 뜻인가?
3. 죄는 무슨 뜻인가?

처녀가 낳은 임마누엘

(마태복음 1:23) 보라 처녀가 잉태하여 아들을 낳을 것이요 그 이름은 임마누엘이라 하리라 하셨으니 이를 번역 한즉 하나님이 우리와 함께 계시다 함이라

천사는 하나님의 아들의 탄생을 알리며 그의 이름을 '예수'라 하였고, 다시 그 이름은 '임마누엘'이라 하였다. 흥미롭게도 이 말씀은 구약의 예수 탄생 700여 년 전의 이사야 선지자로 미리 말씀하신 계시이다.

마태는 친절하게도 "임마누엘"을 "하나님이 우리와 함께 계시다 함이라" 번역하여, "임마누엘"이란 단순히 표어적 명칭이 아니라 예수 그리스도의 사역을 묘사하는 칭호임을 알려 주었다.

이와같은 역사적인 사실 속에서도 예수 그리스도의 탄생을 부인하는 사람들의 의혹들은 끊이지 않고 있으며 신학자들 중에서도 '처녀가 잉태하여 아들을 낳을 것이라'는 말씀에 대한 의문이 제기되어 왔다.

그들 중 주네시아라는 학자는 하나님의 존재를 부인하며 처녀 "알마"를 '젊은 여자'(a young maiden)라고 해석하여, 처녀 마리아의 탄생을 적극 부인하였다. 그러나 예수께서 탄생하기 전 200년 전, 칠십인 성경학자들이 번역한 '셉투어전트'(Septuagint)라고도 불리는 '70인 역본'에서는 이사야서의 메시아 예언에 기록된 '알마'는 오직 '처녀'로만 사용할 수 있는 단어로 해석하였다.

이와같이 칠십인 성경학자들이 히브리어 성경을 헬라어로 번역한 것은 이스라엘 백성들이 바벨론의 70년 포로생활 속에서 히브리어를 잊어버렸고, 그 당시 세계를 정복한 알렉산더 대왕의 헬라정책으로 온 세상이 헬라 언어와 헬라 문화와 문학으로 통용되었기 때문이다.

또한 우리가 간과할 수 없는 것은 예수를 낳은 마리아를 '영원한 성처녀'(Perpetual virginity)로 지칭하는 로마 가톨릭의 성경해석이다. 이것은 성모 마리아를 신적 위치로 부각시킨 그들의 잘못된 교리에서 나온 것이다.

그러나 우리가 다 아는 바와 같이 마리아는 요셉과 정혼 후 성령의 잉태로 예수 그리스도를 수태하여 출산하였고, 그후 요셉과 정상적인 부부생활을 통하여 예수님의 형제들 곧 야고보, 요셉, 시몬, 유다와 딸들을 낳았다(마 13:55,56). 그러므로 성모 마리아는 '영원한 성처녀'가 될 수 없다.

최근 우리나라에도 성경 번역에 관하여 많은 논란이 일고 있다. 근자에 와서 킹 제임스 성경을 한국어로 번역한 '말씀보존학회'에서는 킹 제임스가 아닌 다른 번역본은 모두 사탄이 변개한 성경이라는 극단적인 주장을 하여 논란이 되었다.

물론 우리나라 한글개역의 최초의 번역은 중국 선교사들에 의해 영어성경 'NIV' 버전을 번역한 중국어 성경을 재번역한 것이다. 번역의 시대적 과정에서 지명이나 인명 표기에 무리가 있고, 언어도 고어체를 사용하여 현대인이 읽기에 상당히 낯설고 어렵다. 그러나 이 번역이 사탄이 변개한 것이라는 극단적인 주장은 악의적이 아닐 수 없다. 이는 이 땅의 신실한 하나님의 성도들을 우롱하는 오만하고 사악한 발상이다.

나는 그들이 성경해석 학자로 높이 사는 피터 러크만 목사의 성경주석을 거의 다 읽어 보았다. 그러나 그는 신구약 성경 여러 곳에서 매우 위험한 이단적 해석을 하였다.

이런 일들로 인하여 베드로 사도는 이미 "또 그 모든 편지에도 이런 일에 관하여 말하였으되 그중에 알기 어려운 것이 더러 있으니 무식한 자들과 굳세지 못한 자들이 다른 성경과 같이 그것도 억지로 풀다가 스스로 멸망에 이르느니라"(벧후 3:16) 경고하였다.

사랑하는 주님, 오랜 교회역사 속에서 성경은 해석의 오류로 침범당해왔습니다. 그럼에도 주께서 부르시고 택하신 우리에게 온전한 진리의 말씀을 듣게 하심을 감사드립니다. 주께서 오시는 그날까지 우리의 믿음이 훼방받지 않도록 진리로 굳건히 지켜 주십시오. 예수님 이름으로 기도드립니다. 아멘.

[핵심연구]
1. 임마누엘은 무슨 뜻인가?
2. 이사야가 예언한 '처녀'란 무슨 뜻인가?(사7:14)
3. 하나님의 아들 예수께서 사람으로 태어난 이유는 무엇인가?

유대인의 왕 예수 그리스도

(마태복음 2:1-3) 헤롯 왕 때에 예수께서 유대 베들레헴에서 나시매 동방으로부터 박사들이 예루살렘에 이르러 유대인의 왕으로 나신 이가 어디 계시뇨 우리가 동방에서 그의 별을 보고 그에게 경배하러 왔노라 하니 헤롯왕과 온 예루살렘이 듣고 소동하더라

오늘 우리는 예수 그리스도의 탄생과 관련된 역사적 사실에 대한 네 부류의 사람들의 반응을 보게 된다. 또한 우리는 그리스도의 탄생과 관련하여 이 기쁜 소식이 주께서 택한 백성 유대인에게 주신 언약임에도 메시아에 대한 계시적 발견은 아이러니하게도 이방인에 의해서 실현되었음을 보게 된다. 이것은 어쩌면 예수 그리스도의 복음을 이방 가운데서 성취하시고자 하신 하나님의 경륜이라 할 수 있다.

여기서 언급된 동방박사란 창세기에 언급된 갈대아 우르 곧 메소포타미아 지역에서 온 천문학자들이다. 그곳은 바벨론 제국의 영광이 있기 전부터 종교적 신비가 가득했던 지역이며, 구약의 이방인 선지자로 예수 그리스도의 탄생을 예언한 발람 선지자가 있었고 또한 욥기에 나오는 욥의 친구들도 동방 사람들이다.

동방박사들이 유대인의 왕의 탄생을 알리는 별을 보고 경배하러 왔다는 기록 속에서 우리는 택함을 받지 않은 이방인들에게도 우주만물의 조화를 통하여 하나님의 예정을 탐구할 수 있도록 계시하셨음을 알 수 있다. 이에 바울은 "창세로부터 그의 보이지 아니하는 것들

곧 그의 영원하신 능력과 신성이 그 만드신 만물에 분명히 보여 알게 되나니 그러므로 저희가 핑계치 못할지니라"(롬 1:20) 증거하였다.

마태는 이들의 행적에 대하여 "박사들이 왕의 말을 듣고 갈 새 동방에서 보던 그 별이 문득 앞서 인도하여 가다가 아기 있는 곳 위에 머물러 섰는지라 저희가 별을 보고 가장 크게 기뻐하고 기뻐하더라"(마 2:9) 기록하였다.

아기 예수를 찾은 동방박사들은 아기 예수와 모친 마리아를 보고 엎드려 아기께 경배하고 보배합을 열어 황금과 유향과 몰약을 예물로 드렸다(11). 흥미로운 것은 그들이 마리아에게 경배하지 않고 아기께 경배하였다. 이러한 성경 기록을 보고도 가톨릭 교회가 아직도 마리아를 경배하는 것은 성경에서 한참 떨어져 나간 것이다.

유대인의 왕에 대한 관심을 가진 두 번째 그룹은 헤롯대왕이다. 그는 예수 탄생의 소문을 듣고 그 소문의 근거를 알기 위해 대제사장과 서기관들을 불러들여 성경적 증거를 요구했다. 그리고 소문의 근거인 동방박사들을 불러들여 그들을 회유하고 예수의 탄생에 대한 대비책을 강구하였다.

후일 헤롯은 동방박사들이 자기를 속이고 다른 길로 돌아 간 것을 알고는 곧바로 베들레헴 일대의 두 살 이하의 사내아이들을 모두 죽였다. 그는 적그리스도의 모형으로 장차 예수 그리스도의 재림시에도 다시 모습을 나타낼 것이다.

사실 헤롯은 에서의 후손 에돔 사람으로 이삭의 아내 리브가가 꿈에 하나님으로부터 '큰 자가 작은 자를 섬기리라' 하신 말씀을 따라 쌍둥이 형제 에서와 야곱을 낳았으나, 장자의 명분을 가볍게 여긴 에서는 장자권을 야곱에게 빼앗기고 후일 에돔의 조상이 되었다.

헤롯은 로마의 옥타비얀과 안토니아 황제에 의해 유대의 왕이 되었다. 그는 유대인의 왕이 되기 위해 유대교로 개종하여 제사장 하스몬 가문의 상속녀 미리암느와 결혼하였다. 그러나 헤롯은 막강한 제사장 가문의 정치적 위협을 느껴 아내 미리암느와 그에게서 난 아들들을 살해하였다. 그로 하여 세간에 '헤롯의 아들로 태어나는 것보다 그의 돼지가 되는 것이 안전하다'는 말이 생겨났다.

120센티의 작은 키와 편집광적인 증세를 갖고 있던 헤롯은 건축에 특별한 조예가 있어 예루살렘 대성전을 리모델링하였고, 헤롯 궁전과 알렉산더 궁전 등을 건축하였으며, 예루살렘 성지의 오랜 숙원인 급수시설을 개설하였다.

예수께서 헤롯의 치세에 사셨으니 주께서 '큰 자가 작은 자를 섬기리라' 말씀하신 계시는 성취 되었으나 근친상간을 일삼으며 성적으로 문란했던 헤롯가문은 지구상에서 영원히 멸족되었다.

메시아에 대해 특별한 반응을 보인 세 번째 그룹은 제사장과 서기관들이다. 이들은 혈통적으로 하나님의 제사장의 직무와 하나님의 말씀을 맡은 신적 권위자들로 그 누구도 도전할 수 없는 백성들의 스승이며 지도자들이다.

그들은 성경을 연구하고 보전하며 가르칠 의무가 있는 사람들로서 종교적 권위에 서 있는 특별한 그룹이다. 그러나 그들은 메시아의 탄생에 대하여 믿지 않았고 동방박사의 출현에도 이론적인 근거만을 제시할 뿐 메시아 탄생에 대해 관심조차 갖지 않았다. 이들은 오늘날 신학적 교리를 내세우며 자신들의 권위만을 앞세우는 목사들과 신학교 교수들과 다를 바 없다.

오늘 메시아의 탄생과 관련하여 우리가 성경에서 눈여겨보아야 할 네 번째 그룹은 요셉과 마리아다. 그들은 숱한 고난과 비난 속에서도 오직 하나님의 말씀을 의지하여 오직 믿음으로 인도함을 받는 순종의 삶을 살았다. 이들은 자기들 속에서 성취되는 하나님의 말씀을 목격하며 이 땅에 그리스도의 오심을 처음으로 섬긴 의인들이다.

그러므로 이들은 장차 오실 그리스도를 소망하며 성경에 기록된 말씀과 성령의 인도하심을 따라 온전한 믿음을 지키는 신실한 성도들의 모형이다. 우리는 이들의 신실한 믿음을 본받아야 할 것이다.

사랑하는 예수님, 주님은 유대인의 왕으로 오셨습니다. 그리고 또 죄인으로 죽을 수밖에 없는 죄인 된 우리의 왕이 되셨습니다. 주께서 우리와 함께 계시오니 주께서 오실 때에 우리 눈으로 주를 보게 하소서. 예수님 이름으로 기도합니다. 아멘.

[핵심연구]
1. 헤롯은 누구의 후손인가?
2. 동방박사들이 예수께 드린 황금과 유향과 몰약은 무엇을 뜻하는가?
3. 대제사장, 서기관들은 왜 예수의 탄생에 관심을 갖고 있지 않았을까?

광야에 외치는 자의 소리

(마태복음 3:2,3) 회개하라 천국이 가까웠느니라 하였으니 저는 선지자 이사야로 말씀하신 자라 일렀으되 광야에 외치는 자의 소리가 있어 가로되 너희는 주의 길을 예비하라 그의 첩경을 평탄케 하라 하였느니라

구약의 마지막 선지자 말라기로부터 하나님의 말씀이 끊어진 지 400년이 된 이스라엘 백성들은 율법으로 제한 된 종교적인 생활 속에서 나름 메시아의 나라가 오기를 소망하고 있었다. 이때 고요한 침묵을 깨고 유대광야에서 "회개하라 천국이 가까웠다"하신 하나님의 메시지가 선포된 것이다.

성경에서 "회개하라 천국이 가까웠다"라는 메시지는 복음의 핵심이며 메시아 시대를 개막하는 메시지다. 이 메시지는 예수님과 그의 제자들에 의해 다시 증거 되었으며 오늘날 우리 교회의 사명이 되었다.

세례 요한은 광야에서 세례를 베풀며 "회개하라 천국이 가까웠다" 선포하였다. '회개'(Repentance)는 '하나님께 돌이킨다'(return)는 뜻으로 회개는 구원의 첫 단계이다.

그러므로 베드로는 자신들의 죄를 깨닫고 애통하는 유대인들을 향하여 "회개하고 예수 그리스도의 이름으로 세례를 받고 죄사함을 받으라 그리하면 너희가 성령을 선물로 받으리라"(행 2:38) 외쳤다. 그러므로 복음의 초성은 '회개하라'이며, 이는 하나님의 성령이 우리 안

에 역사하는 출입구이다.

회개는 두 가지로 정의할 수 있는데 그 하나는 '통회'의 마음을 갖는 것이며, 다른 하나는 '마음'을 바꾸는 것이다. 그러나 이것은 결국 하나로서 통회의 마음이 없이는 회개할 수 없으며 또한 회개한 사람은 통회의 마음을 갖게 된다.

그러나 사람들은 회개 없이도 자신의 행위에 대하여 후회나 비애를 느낄 수 있으며, 통회하는 마음을 갖고도 회개하지 않을 수는 있다. 그 이유는 본디 모든 사람은 자유의지를 갖고 있기 때문이다. 그러므로 당신이 어떤 잘못에 대한 통회를 느끼고 회개를 한 후에 반복적으로 그 일을 하였다면 그것은 진정한 회개가 아니다. 참된 회개란 자신의 잘못에 대해 깊이 반성하고 다시는 그러한 일을 하지 않는 것이다.

마태는 세례 요한을 소개하여 "저는 선지자 이사야로 말씀하신 자라 일렀으되 광야에 외치는 자의 소리가 있어 가로되 너희는 주의 길을 예비하라 그의 첩경을 평탄케 하라 하였느니라"(3) 기록하였다. 요한의 이 증거는 세례 요한의 권위를 묻는 서기관들에게 답변한 계시적 권위이기도 하다(요 1:22,23).

계속하여 마태는 세례 요한에 대하여 "이 요한은 약대 털옷을 입고 허리에 가죽 띠를 띠고 음식은 메뚜기와 석청이었더라"(4) 증거하였다. 이는 유대인의 삶의 의식을 뛰어 넘는 선언이다.

사실 세례 요한은 그 당시에도 예루살렘 성전 예배를 집도하는 아비야 계열 제사장 스가랴의 후계자로서 평생 비단옷을 입고 가문의 영광을 누릴 수 있었다. 그러나 그는 광야에 살며 약대 털옷을 입고 메뚜기와 석청을 먹고 살았다. 이는 자신도 회개가 필요한 짐승과 같은 존재임을 스스로 나타낸 것이다.

후일 주님은 제자들에게 세례 요한을 소개하며 "그는 여자가 낳은 자 중에 가장 크다"고 증거하셨으며 "율법과 선지자는 요한의 때까지라"고 말씀하셨다. 사실 세례 요한은 구약의 마지막 예언자로서 예수 그리스도를 대면한 자요, 예수께 침례를 베푼 자이다.

오늘날 곧 오실 주 예수 그리스도의 길을 예비하기 위해 이 땅에는 수많은 복음 사역자들이 있다. 모두가 자신의 사역의 정당성을 피력하며 거대한 교회를 이끌고 있지만 많은 사람들이 그리스도의 교회를 빙자하여 자기 왕국을 세우고 있는 것도 사실이다. 과연 이들에게도 천국의 문이 열려 있는지 의심스럽다.

사랑하는 나의 하나님! 세상은 갈수록 더러움과 악함으로 대적하고 있고 교회는 서로 경쟁하며 바벨탑을 쌓고 있습니다. 주님 이 땅에 회개의 영을 부어 주시고 종말의 날에 회개를 선포할 당신의 거룩한 종을 보내 주시옵소서. 예수 그리스도 이름으로 기도합니다. 아멘.

[핵심연구]
1. 회개는 무엇인가?
2. 회개의 열매는 무엇인가?
3. 세례 요한은 왜 낙타 옷과 석청으로 생활했는가?
4. 예수님은 세례요한을 어떻게 증거하셨는가?

사탄의 시험

(마태복음 4:1,2) 그 때에 예수께서 성령에 이끌리어 마귀에게 시험을 받으러 광야로 가사 사십 일을 밤낮으로 금식하신 후에 주리신지라

예수께서는 하나님의 아들이심에도 아버지 하나님의 음성을 친히 듣기 전까지 30여 년간 목수로서의 삶을 사셨다. 물론 예수님은 어머니 마리아의 증언과 메시아의 탄생을 목격한 증인들을 통하여 자신이 메시아임을 아셨을 것이다. 그러나 예수님은 때를 기다리며 묵묵히 어머니와 형제들을 돌보셨다.

예수님의 메시아 사역은 요한에게 세례 받으실때 하늘로부터 "너는 내 사랑하는 아들이요 내 기뻐하는 자라"하신 하나님의 말씀을 들으실때 성령이 비둘기처럼 자기에게 임하심을 체험하면서 시작되었다.

마태는 예수 그리스도의 사역의 출발에 대하여 "그 때에 예수께서 성령에게 이끌리어 마귀에게 시험을 받으러 광야로 가사"(마 4:1) 증거하였다.

마가 역시 "성령이 곧 예수를 광야로 몰아내신지라"(막 1:12) 기록하였고, 누가는 "예수께서 성령의 충만함을 입어 요단강에서 돌아 오사 광야에서 사십일 동안 성령에게 이끌리시며"(눅 4:1)라고 증거하였다. 이와 같이 복음서의 공통된 증거는 예수님의 복음사역의 첫발은 성령에 이끌려서 사탄의 시험으로 시작되었다고 증거하였다.

복음서에서 언급된 '마귀'로 해석 된 헬라어 '디아블로'는 성경에서 사탄과 관련된 여러 이름으로 불린다. 성경은 "옛 뱀 곧 마귀라고도 하고 사단이라고도 하는 온 천하를 꾀는 자"(계 12:9)라 칭하였으며, 그리스도의 성도들을 참소하며 미혹하는 자, 배도자, 멸망의 아들로 세상 끝에 나타날 적그리스도의 실체로 언급되고 있다(살후 2:3).

마태는 예수께서 광야에서 시험을 받으실 때 "사십일을 밤낮으로 금식하신 후에 주리셨다"고 기록하였다. 사람은 5, 6일 정도 금식을 하게 되면 미각이 상실되어 배고픔을 알지 못한다. 그래서 장기 금식을 할 수 있는데, 35일쯤 가면 다시 미각이 살아나 음식을 찾게 되는데, 이때에 육체가 양분을 얻지 못하면 죽어가는 단계에 속한다.

또한 인간은 오감 곧 시각, 청각, 미각, 후각 그리고 촉각이 있고 또 육감이 있는데 이는 곧 영적 감각이다. 그런데 흥미롭게도 오감이 발달하면 육감의 능력을 상실한다. 따라서 우리가 금식을 하면 오감이 퇴보하고 육감 곧 영적 능력이 살아나는 것이다. 바울은 갈라디아서에서 육체와 성령은 서로 상반 관계를 이루고 있다고 기록하였다.

나는 43살 때 성령체험을 한 후 주의 은혜에 감사하기 위해 21일간 금식을 한 일이 있었다. 나는 그때 현실 속에서 평안의 실체를 처음 발견하였다. 모든 시간들 속에서 성경에 기록된 하나님의 말씀은 내 영혼 속으로 녹아들어 왔다. 그 모든 시간 속에서 천사가 동행하는 것 같았다. 그때의 신비한 기억들이 아직도 나를 붙잡고 있다.

예수님의 사십일 간의 시험은 우리에게 특별한 의미를 계시하고 있다. 이스라엘 민족은 애굽의 종살이에서 나와 하나님께서 미리 말씀하신 젖과 꿀이 흐르는 가나안 땅에 들어가기까지 40년 동안 광야 생활을 하였다.

그러므로 모세는 "네 하나님 여호와께서 이 사십 년 동안 너로 광야의 길을 걷게 하신 것을 기억하라 이는 너를 낮추시며 너를 시험하사 네 마음이 어떠한지 그 명령을 지키는지 아니 지키는지 알려 하심이라"(신 8:2) 기록하였다.

물론 예수님은 죄가 없으심으로 시험을 받아야 할 이유가 없다. 그러나 주께서 시험을 받으신 것은 그가 우리의 대제사장으로 오셨기 때문에 우리의 연약함을 친히 경험하실 필요가 있었다.

그러므로 히브리서 기자는 "우리에게 있는 대제사장은 우리 연약함을 체휼하지 아니하는 자가 아니요 모든 일에 우리와 한결같이 시험을 받은 자로되 죄는 없으시니라"(히 4:15) 증거하였다.

사랑하는 하나님! 예수님은 우리를 위해 모든 시험에서 이기셨고 그 승리의 능력을 우리에게 주셨습니다. 그럼에도 우리는 사탄으로부터 오는 시험에 혼란을 겪고 있습니다. 주님 우리에게 성령의 능력을 부어 주시어 능히 마귀를 이기게 하소서. 예수 이름으로 아멘!

[핵심연구]
1. 예수께서 받으신 시험 세 가지는 무엇인가?
2. 예수님은 무엇으로 사탄의 시험을 이기셨는가?
3. 우리는 사탄의 시험을 이기기 위해 무엇이 필요한가?

성도의 팔복

(마태복음 5:11,12) 나를 인하여 너희를 욕하고 핍박하고 거짓으로 너희를 거슬러 모든 악한 말을 할 때에는 너희에게 복이 있나니 기뻐하고 즐거워하라 하늘에서 너희의 상이 큼이라 너희 전에 있던 선지자들을 이같이 핍박하였느니라

예수님은 산상수훈에서 팔복을 강론하시면서 먼저 "심령이 가난한 자는 복이 있나니 천국이 저희 것임이요"(3)라고 말씀하셨다. 세상의 원리로서는 이해가 되지 않는 말씀이다. 왜냐하면 가난과 복은 상당한 거리가 있기 때문이다.

가난에 해당하는 헬라어는 '프토코스'(Ptoochos)와 '페네스'(Penes)가 있는데 이때 예수께서 사용하신 단어는 '프토코스'(Ptoochos)이다. '페네스'가 일반 노동자들의 가난한 생활을 의미한다면 '프토코스'는 절대 극빈자 상태를 뜻한다. 그러므로 주께서 말씀하신 '심령이 가난한 자'는 영적으로 절대 무능한 상태를 말한 것으로, 영적 갈급함이 극도에 달한 상태를 뜻한다.

다윗은 곤고한 마음을 토하며 "이 곤고한 자가 부르짖으매 내게 응답하시고 내 모든 두려움에서 나를 건지셨도다"(시 34:6) 고백하였다. 이와같이 심령의 가난함은 하나님을 향한 부르신 자의 끊임없는 영적 빈곤의 저항이며, 영적 갈급함을 호소하는 애절한 고백이다.

계속하여 주님은 "애통하는 자는 복이 있나니 저희가 위로를 받을 것임이요"(4)라고 말씀하셨다. 이것도 쉽게 이해되지 않는 말씀으로, 여기서 애통이란 헬라어 중에서 가장 큰 슬픔을 나타내는 말로서 이 말은 사랑하는 자의 죽음 앞에 토하는 슬픔과도 같다.

그러나 주께서 언급하신 애통함은 체험적 슬픔으로 종말론적 고난과 환난이 수반되는 상황이기 때문에 미래시제이다. 그러므로 이사야 선지자는 메시아의 날을 고대하며 "너희 하나님이 가라사대 너희는 위로하라 내 백성을 위로하라"(사 40:1) 선포하였다.

주님은 세 번째 복을 말하여 "온유한 자는 복이 있나니 저희가 땅을 기업으로 받을 것임이요"(5)라고 말씀하셨다. '온유'를 뜻하는 헬라어 '프라오테스'(praotes)는 두 가지 의미가 있는데, 그 하나는 자신의 무지와 연약함과 궁핍을 아는 겸손한 마음을 뜻하며, 또 다른 의미는 짐승을 길들이는 용어로써 본능과 충동적 욕망을 억제하고 주인의 뜻에 순종케 하는 마음의 상태를 뜻한다. 이로써 우리는 주께서 말씀하신 온유한 자가 어떤 상태가 되어야 하는지 알 수 있다.

네 번째로 주님은 "의에 주리고 목마른 자는 복이 있나니 저희가 배부를 것임이요"(6)라고 하셨다. 여기서 흥미로운 것은 '의'가 배고픔과 목마름으로 인용된 것이다. 이것은 우리의 육신이 목마름과 배고픔을 채워야 하듯이 하나님의 의에 굶주리고 있는 자들을 뜻한다.

다윗은 갈급한 마음을 토하여 "하나님이여 주는 나의 하나님이시라 내가 간절히 주를 찾되 물이 없어 마르고 곤핍한 땅에서 내 영혼이 주를 갈망하며 내 육체가 주를 앙모하나이다"(시 63:1)고백하였다.

이로써 우리는 의를 성취하기 위하여 먼저 죄인 됨의 지속적 인식을 통해 갈급함을 성취할 수 있음을 알아야 한다.

계속하여 주님은 "긍휼이 여기는 자는 복이 있나니 저희가 긍휼히 여김을 받을 것이요"(7)라고 말씀하셨다. 여기서 긍휼은 자비를 뜻하며, 상대와 완전 공감의 입장이 되는 것을 뜻한다. 혹시 여러분들은 알코올 중독자나 마약 중독자들이나 동성애자들의 비참함을 공감한 일이 있는가?

이와 같이 완전 공감이란 어떤 상황을 함께 경험하는 것을 말한다. 그러므로 히브리서 기자는 "우리에게 있는 대제사장은 우리 연약함을 체감하지 못하실 이가 아니요 모든 일에 우리와 한결같이 시험을 받은 자로되 죄는 없으시니라"(히 4:15) 기록하였다.

주님은 여섯째 복을 말하여 "마음이 청결한 자는 복이 있나니 저희가 하나님을 볼 것임이요" 말씀하셨다. 이 단어는 또한 불순물과 혼합되지 않은 순수한 상태를 뜻하며 또한 알곡을 고르든가 정예군대를 선발하는 군사용어로도 사용된다. 그러므로 성경은 장차 주를 만나기를 소망하는 자들에게 "그의 깨끗하심과 같이 자기를 깨끗하게 하느니라"(요일 3:3) 증거하였다.

계속하여 주님은 "화평케 하는 자는 복이 있나니 저희가 하나님의 아들이라 일컬음을 받을 것임이요"(9) 하셨다. 여기서 화평이란 말은 전쟁이 없는 것을 뜻하지 않는다. 오히려 주님은 내가 너희에게 화평을 주러 온 것이 아니라 칼을 주러 왔다 하셨다. 이와 같이 화평은 전쟁을 수반하기도 한다.

흥미로운 것은 '화평케 하는 자가 하나님의 아들이라 불린다'는 말씀이다. 이 말은 '저희가 하나님의 아들 예수 그리스도와 같은 일을 하게 될 것이라'는 뜻이다. 그러므로 화평케 하는 자는 아들이신 예수 그리스도를 따라 실천하는 자들임을 의미한다.

끝으로 주님은 8번째 복을 말하여 "의를 위하여 핍박을 받는 자는 복이 있나니 천국이 저희 것임이라"(10) 하셨다. 이 말씀은 그리스도의 왕국의 실제적 상속을 약속하신 것이다.

또한 주님은 11절에서 "나를 인하여 너를 욕하고 핍박하고 거짓으로 너희를 거슬러 모든 악한 말을 할 때에는 너희에게 복이 있다" 하셨다. 그러므로 믿는 우리는 세상의 어떤 핍박 속에서도 오직 그리스도의 진리를 지켜야 할 것이다.

사랑하는 하나님! 우리를 예수 그리스도의 성도로 삼아 주심을 감사드립니다. 또한 우리로 오직 그리스도의 의로 살아가게 하시어 하늘로 오는 복을 받게 하소서. 예수님의 이름으로 기도합니다. 아멘.

[핵심연구]
1. 팔복의 핵심은 무엇인가?
2. 심령이 가난함은 무엇을 뜻하는가?
3. 긍휼함은 무엇을 뜻하는가?
4. 의의 핍박은 무엇인가?

의의 기준

(마태복음 5:20) 예수님은 제자들에게 내가 너희에게 이르노니 너희 의가 서기관과 바리새인보다 더 낫지 않으면 결단코 천국에 들어가 지 못하리라

오늘 예수께서 제자들에게 하신 말씀 속에는 제자들의 의는 서기관 이나 바리새인들의 의가 따라올 수 없을 만큼 월등하다는 의미가 내 포되어 있다.

다시 말하여 율법의 행위로 성취하지 못한 것을 예수 그리스도를 믿 음으로 성취하셨음을 전제하신 것이다. 그러나 이 말씀의 요지는 그 리스도인의 신앙의 목표는 의를 이루는 것이라는 데 있다.

성경에서 의와 믿음이 같이 언급된 것은 믿음의 조상 아브라함으로 부터이다. 그러나 성경의 요구는 믿음의 의가 아브라함으로 말미암 은 것을 말하는 것이 아니라 믿음으로 말미암는 하나님의 의가 믿 는 자들 가운데서 어떻게 실증되느냐를 말하고 있다. 그러므로 우리 가 '하나님 의'를 말할 때 먼저 생각해야 하는 것은 의와 믿음의 관 계이다.

바울은 "복음에는 하나님의 의가 나타나서 믿음으로 믿음에 이르게 하나니 기록된바 오직 의인은 믿음으로 말미암아 살리라"(롬1:17) 기록하였으며, 요한도 "너희가 그의 의로우신 줄을 알면 의를 행하

는 자마다 그에게서 난 줄 알리라"(요일 2:29) 증거하였다. 이는 의가 이루는 믿음의 목적을 말한 것이다.

그러므로 주를 믿는 성도들의 삶이 믿음에 부합되지 못하면 우리의 믿음은 열매를 맺지 못한다. 그러므로 성경은 성도의 의무와 책임에 대하여 "영혼 없는 몸이 죽은 것 같이 행함 없는 믿음은 죽은 것이니라" 기록하였다.

그럼에도 많은 사람들이 믿음으로 말미암는 의를 말하기보다는 믿음으로 받는 축복을 기대한다. 그러므로 주님은 산상수훈에서 먼저 팔복을 말씀하시고 의인의 삶에 대하여 설명하셨다.

예수께서 제자들에게 말씀하신 팔복의 주제는 '의의 실천'이다. 그이유는 의는 팔복의 근원으로 천국에 이르는 가장 기본적인 토대이며, 천국은 의인의 나라이기 때문이다.

그러므로 예수님은 천국은 의를 위하여 핍박을 받는 자들의 것이라 선언하셨고 의로 인하여 핍박을 받을 때 기뻐하고 즐거워하라 말씀하셨다.

또한 예수님은 제자들을 가리켜 너희는 '세상의 소금'이며 '세상의 빛'이라 말씀하셨다. 이 말씀은 하나님의 팔복을 받은 의의 제자들의 내적인 역할과 외적인 역할을 언급하신 것으로, 먼저는 그리스도인의 의무와 책임을 말씀하신 것이고 그 다음은 그리스도인의 삶의 목적을 말씀하신 것이다.

다시 말하여 소금은 의인된 제자들의 본성적 삶의 역할이고 빛은 하나님의 나라를 이루기 위한 제자의 복음적 역할이다. 그러므로 우리 교회는 소금과 빛의 역할로서 의인의 사명과 주께서 가르치신 팔복의 은혜를 세상에 나타내야 할 것이다.

복의 근원되신 하나님! 죄인 된 우리를 주의 자녀로 삼아 주심을 감사합니다. 의의 근본이신 예수님! 죄인 된 우리를 의인으로 칭하여 주심을 감사드립니다. 우리가 죄의 길에서 의인이 되었사오니 하늘의 신령한 복으로 충만하게 하소서. 예수 그리스도의 이름으로 기도합니다. 아멘.

[핵심연구]
1. 우리가 천국에 들어가기 위해서는 무엇이 필요한가?
2. 복음 생활에서 나타나야 하는 것은 무엇인가?
3. 팔복의 핵심은 무엇인가?
4. 의인의 삶은 무엇으로 나타나야 하는가?

예물보다 화해

(마태복음 5:23-24) 그러므로 예물을 제단에 드리다가 거기서 네 형제에게 원망 들을만한 일이 있는 줄 생각나거든 예물을 제단 앞에 두고 먼저 가서 형제와 화목하고 그 후에 와서 예물을 드리라

예수님은 제자들에게 의인의 팔복을 말씀하시면서 윤리와 도덕적으로 타락한 현실 속에서 그리스도의 제자 된 우리가 선행하여야 할 내용들을 언급하셨다. 이때 예수님은 먼저 우리가 잘못 이해하고 있는 성경의 말씀들을 지적하고 그 말씀의 바른 뜻을 해석하셨다.

먼저 주님은 "옛 사람에게 말한바 살인치 말라 누구든지 살인하면 심판을 받게 되리라 하였다는 것을 너희가 들었으나"(21)라고 말씀하시어 인간의 생명의 중요성을 말씀하셨다.

동서고금을 떠나 살인에 대한 엄중한 심판은 불문율이다. 이것은 사람의 생명을 귀히 여기고 보호하기 위한 인간사회의 공통된 논리로서, 하나님의 택한 백성인 유대인의 율법에서도 동일하다.

그러나 주님은 살인을 표면적인 율법으로 다루는 유대인들의 모순을 지적하시며 "나는 너희에게 이르노니 노하는 자마다 심판을 받게 되고 형제를 대하여 라가라 하는 자는 공회에 잡히게 되고 미련한 놈이라 하는 자는 지옥불에 들어가게 되리라"(22) 말씀하셨다.

여기서 주님은 살인의 근본 원인이 사람의 분노와 형제를 미워하는 마음에서 비롯되는 것을 말씀하신 것이다. 그러므로 성경은 "사람의 성내는 것이 하나님의 의를 이루지 못함이라"(약 1:20) 기록하였다.

헬라어에서 분은 불꽃처럼 타오르다가 사그러지는 일상 속의 가벼운 분을 뜻하는 '투모스'(thumos)와 쓴 뿌리를 가진 분을 뜻하는 '오르게'(orge)가 있다. 분노한 가인이 아우 아벨을 죽였듯이 마음에 분이 쌓이면 살인도 불사하는 것이다.

또한 주님은 "형제를 대하여 라가라 하는 자는 공회에 잡히게 되고 미련한 놈이라 하는 자는 지옥불에 들어가게 되리라" 하셨다. 여기서 '라가'라는 말은 사람을 멸시하며 콧방귀를 뀌는 것과 같은 뜻으로 만약 당신이 누구에게 경멸의 눈초리를 보냈다면 당신은 그에게 '라가'라고 비난한 것이 된다.

또한 '미련한' 곧 '어리석다'로 사용된 헬라어 '모로스'는 도덕적 비난으로, 누가 역겨운 짓을 할 때, '저런 바보'라고 비웃고 눈을 흘기는 것을 뜻한다. 주님은 이런 짓을 하면 지옥불에 들어간다 하셨다.

그런데 우리가 두려워해야 할 것은 여기서 말씀하신 지옥불은 믿지 않는 자들이 들어가는 '지옥'(하데스)이 아니라 배도자들이 들어가는 '게헨나'를 뜻한다. 그러므로 주님은 형제의 인격을 모독한 죄의 엄중함을 말씀하신 것이다.

얼마 전 미국에 사는 동성애자인 청년으로부터 전화를 받았다. 그 청년은 불행하게도 자기가 섬기는 교회 담임목사를 좋아하고 있었다. 그런데 담임목사는 그 형제의 그러한 성향을 아는지 모르는지 어쩌다 그 형제의 손이라도 닿기만 하면 뱀을 만진 듯이 소스라쳐 놀라며 경멸의 눈초리를 보낸다고 하였다. 정말 안타까운 일이다. 이것이 사실이라면 그분은 회개하지 않으면 주께 큰 책망을 받을 것이다.

23절에서 주님은 "그러므로 예물을 제단에 드리다가 거기서 내 형제에게 원망 들을 만한 일이 있는 줄 생각나거든 예물을 제단 앞에 두고 먼저 가서 형제와 화목하고 그 후에 와서 예물을 드리라" 하셨다.

그런데 이 말씀 앞에 '그러므로'라는 접속사로 시작된 것은 앞의 말씀과 관련됨을 뜻한다. 따라서 이 말씀은 하나님 앞에 예배를 드리는 자로서 혹시 네 마음에서 형제를 미워하고 무시하고 경멸한 잘못이 있다면 먼저 형제와 화목한 후에야 하나님께서 예물을 받으신다는 것이다.

끝으로 주님은 "너를 송사하는 자와 함께 길에 있을 때에 급히 사화하라 그 송사하는 자가 너를 재판관에게 내어주고 재판관이 관예에게 내어주어 옥에 가둘까 염려하라 진실로 네게 이르노니 네가 호리라도 남김이 없이 다 갚기 전에는 결단코 거기서 나오지 못하리라"(25,26) 말씀하셨다.

오늘날 우리 가운데서도 서로 다투고 분내는 중에 많은 소송들이 일어나고 있다. 우리가 참고 인내로서 화해를 청하고 감정을 풀면 될 것을 결국 상대에게 깊은 악감을 갖게 하여 고소를 당하고 만다.

이일에 대하여 "네가 호리라도 남김이 없이 다 갚기 전에는 결단코 거기서 나오지 못하리라" 하셨다. 이 말씀은 사전에 해결하면 될 일을 재판까지 갔다면 상대의 원한을 다 풀기 전까지는 나오지 못하게 될 것이라는 말씀이다.

사랑하는 주님! 우리는 하나님의 의인들입니다. 그러함에도 분내고 다투어야할 일들이 얼마나 많은지요. 그러나 오늘 우리에게 가르쳐 주신 말씀으로 분을 이기고 형제와 화해하므로 악한 죄에 빠지지 않게 하소서. 예수님 이름으로 기도합니다. 아멘.

[핵심연구]
1. 살인의 원인은 어디에 있는가?
2. 주님은 왜 형제를 무시하고 분을 내는 것이 살인이라고 말씀하셨는가?
3. 예물보다 화해가 우선되어야 하는 이유는 무엇인가?

간음과 이혼

(마태복음 5:27,28) 또 간음치 말라 하였다는 것을 너희가 들었으나 나는 너희에게 이르노니 여자를 보고 음욕을 품는 자마다 마음에 이미 간음하였느니라

이 말씀은 예수께서 구약의 "간음하지 말라"(출20:14)하신 율법을 근거로 하신 말씀이다. 또한 율법에 "누구든지 남의 아내와 간음하는 자 곧 그의 이웃의 아내와 간음하는 자는 그 간부와 음부를 반드시 죽일지니라"(레 20:10) 기록되었으므로 유대인은 간음에 대하여 아주 엄격한 율법적 생활의식을 갖고 있다.

물론 죄성을 가진 사람으로 욕정을 스스로 다스리기란 쉽지 않은 성적 본능이지만 간음은 하나님의 백성뿐이 아니라 이방인들에게도 형벌이 따르는 금지된 불륜이다.

오늘 예수님은 율법으로 정죄된 간음에 대하여 "나는 너희에게 이르노니 여자를 보고 음욕을 품는 자마다 마음에 이미 간음하였느니라"(28) 말씀하심으로 새로운 정의를 내리셨다.

이 말씀은 행위 이전의 마음의 상태를 언급하신 것이다. 사람의 모든 행동은 마음으로부터 출발하기 때문이다. 또한 주께서 '여자를 보고'라고 말씀하셨으므로 우리가 무엇을 보느냐에 따라 사람의 마음이 지배당할 수 있음을 아울러 경계하신 것이다.

여기서 '보다'라는 말은 외적 장애물을 의미하는 헬라어 '스캔달론'이 현재시제로 사용되었다. 이 단어는 짐승을 잡기 위해 미끼를 걸어 놓은 덫과 같은 의미이다. 그러므로 이것은 우리를 유혹하는 장애물로부터 어떻게 우리의 생각을 지킬 것인가를 전제하신 것이다.

우리는 다윗이 목욕하는 밧세바를 봄으로써 급기야 간음을 하게 되었고 더 나아가 살인을 하게 된 일을 알고 있다. 이처럼 우리 마음의 상태에 따라 보는 것 곧 감각적 유혹의 느낌은 바로 악한 행동으로 옮겨질 소지가 있다.

이 말씀과 함께 주님은 "만일 네 오른 눈이 너로 실족케 하거든 빼어 버리라 네 백체 중 하나가 없어지고 온 몸이 지옥에 던지우지 않는 것이 유익하며 또한 만일 네 오른 손이 너로 실족케 하거든 찍어 내 버리라 네 백체 중 하나가 없어지고 온 몸이 지옥에 던지우지 않는 것이 유익하니라"(29,30) 경고하셨다. 물론 이 말씀을 문자대로 받아들인다면 큰일 날 것이다.

여기서 주님은 성도를 멸망케 할 유혹의 장애물 곧 스캔들에 대해 관대함을 갖지 말라고 하신 것이다. 다시 말하여 간음의 죄는 멸망을 당하는 죄에 속하므로 어떤 경우에서라도 우리의 마음을 유혹할 덫을 사전에 제거하라는 말씀이다.

주님은 계속하여 "또 일렀으되 누구든지 아내를 버리거든 이혼 증서를 줄 것이라 하였으나 나는 너희에게 이르노니 누구든지 음행한 연고 없이 아내를 버리면 이는 저로 간음하게 함이요 또 누구든지 버린 여자에게 장가드는 자도 간음함이니라"(31,32) 말씀하셨다.

그 당시 유대인은 힐렐학파와 샴마이학파로 나뉘어졌는데, 힐렐파는 이혼의 사유를 여자가 시집 올 때 처녀가 아니었다는 사실에 국한해야 한다고 하였고, 샴마이학파는 남편을 불공경하는 모든 행위를 이혼의 조건으로 두었다. 그 결과 유대인들은 마음에 드는 여인과 재혼을 하기 위해 갖은 핑계를 다해 이혼의 구실을 만들었다.

그러므로 예수님은 거룩한 하나님의 백성들의 이혼을 전혀 못하도록 금지하신 것은 아니다. 주님은 단지 이혼의 사유를 '음행'에 국한하시므로 유대인의 잘못된 이혼풍조에 대한 제동을 거신 것이다. 이혼증서에 서명하는 것으로 간단히 이혼성립이 되는 제도적인 문제를 금하신 것이다.

사랑하는 주님. 갈수록 유혹이 극심한 현대인의 삶에서 간음과 이혼의 문제는 정말 감당키 어려운 문제입니다. 우리의 거룩함을 상실치 않게 하여 주시옵소서. 예수님 이름으로 기도드립니다. 아멘.

[핵심연구]
1. 간음의 복음적 정의는 무엇인가?
2. 이혼 제도의 문제점은 무엇인가?
3. 이혼의 조건은 무엇인가?

결점 없는 성도의 삶

(마태복음 5:48) 그러므로 하늘에 계신 너희 아버지의 온전하심 같이 너희도 온전하라

오늘 주님은 우리에게 "또 네 이웃을 사랑하고 네 원수를 미워하라 하였다는 것을 너희가 들었으나 나는 너희에게 이르노니 너희 원수를 사랑하며 너희를 핍박하는 자를 위하여 기도하라"(43,44) 말씀 하셨다. 여기서도 주님은 성도들이 성경을 알고 있음을 전제하셨다.

오늘 주께서 언급하신 '이웃을 사랑하고 원수를 미워하는 것'은 유대 인뿐이 아니라 이 땅의 모든 사람들의 상대적 감정의 표현이며 삶의 태도이다. 그런데 오늘 주님은 "너희 원수를 사랑하며 너희를 핍박하는 자를 위하여 기도하라"고 새로운 명령을 내리셨다.

물론 주께서 말씀하신 하나님의 사랑의 실천은 그리스도인의 대명 제이며 성도의 삶의 근간이다. 그러나 원수를 사랑하고 핍박하는 자들을 위해 기도한다는 것은 쉬운 일이 아니다. 이것은 상대성 감정을 가진 인간으로서 불가능한 것이다.

그러므로 주께서 '너희 원수를 사랑하며 너희를 핍박하는 자를 위하여 기도하라'(44)하신 말씀은 주의 명령인 것이다. 주의 은혜 속에 살아가는 성도의 의무라고 하겠다.

그러므로 주님은 "이같이 한즉 하늘에 계신 너희 아버지의 아들이 되리니 이는 하나님이 그 해를 악인과 선인에게 비취게 하시며 비를 의로운 자와 불의한 자에게 내리우심이니라"(45) 말씀하셨다.

다시 말하여 불의한 자들에게 자비와 사랑을 베푸는 것이 아들들의 삶의 목적이 되어야 한다는 말씀이다. 그러나 이것을 실천하기 위해서는 자기의 생각과 감정 같은 것은 극도로 무시하여야 하며 오로지 주의 명령에만 충실하여야 한다.

계속하여 주님은 "너희가 너희를 사랑하는 자를 사랑하면 무슨 상이 있으리요 세리도 이같이 아니하느냐 또 너희가 너희 형제에게만 문안하면 남보다 더 하는 것이 무엇이냐 이방인들도 이같이 아니하느냐"(46,47) 말씀하셨다.

여기서 주님은 우리의 사랑의 관계가 세상 사람들과 같이 자기중심적인 보편적 대인관계가 되어서는 안될 것을 지적하시며, 우리가 받을 상을 언급하셨다. 이 상은 하늘에 쌓아 둔 상급으로 원수를 사랑하는 일에는 큰 상이 따른다는 말씀이다.

헬라어에는 사랑의 관계에 대해 네가지 용어가 있는데, 부모와 자식 간의 사랑인 '스토르게'(storge), 남녀 간의 사랑인 '에로스'(eros), 사람들 간에 애정을 뜻하는 '필레오'(phileo)이다. 이 모두 자기 중심적 관계에서 비롯된 사랑이다. 그러나 오늘 주님은 우리에게 하나님의 사랑 곧 '아가페'(agape)를 말씀하신 것이다.

오늘날 우리는 교회생활 속에서 성도들 간에 서로 문안하고 사랑을 베풀며 살아가고 있다. 그러나 세상 사람들에 관하여는 절대로 자신에게 손해나는 관계를 갖지 않으며 사랑의 의미도 부여하려 하지 않는다.

또한 많은 사람들이 지식을 쌓고 도덕과 윤리를 지킴으로 온전해지려 노력하고 있다. 그러나 인간은 그 누구도 스스로 온전해질 수 없다. 인간에게는 욕망과 욕정이 살아 있어 스스로 공평성을 상실하기 때문이다.

주님은 오늘 우리에게 "그러므로 하늘에 계신 너희 아버지의 온전하심과 같이 너희도 온전하라"(48) 말씀하셨다. 여기서 온전함이란 우리 안에 있는 죄의 뿌리를 완전히 근절하는 것을 뜻하지 않으며 완벽한 인간을 요구하는 것이 아니다. 여기서 주님은 하나님 아버지의 마음을 갖기를 요구하신 것이다. 오직 예수 그리스도의 사랑 안에 거할 때 그 사랑의 능력으로 온전해 질 수 있기 때문이다.

사랑하는 주님! 우리가 아버지의 온전함 같이 온전해질 수 있는 방법은 오직 그리스도의 사랑 안에 살며 그 사랑을 실천하는 길 뿐입니다. 그러하오니 우리에게 더 큰 사랑의 은사를 베풀어 주시옵소서. 예수님 이름으로 기도합니다. 아멘.

[핵심연구]
1. 사랑의 종류를 설명하라.
2. 어떻게 우리는 원수를 사랑할 수 있을까?
3. 성도의 온전함의 기준은 무엇인가?

보상이 따르는 의인의 삶

(마태복음 6:33) 오직 너희는 먼저 그의 나라와 그의 의를 구하라 그리하면 이 모든 것을 더하시리라

마태복음 6장의 첫 문단은 1절부터 시작되지 않고 2절부터 시작되었다. 다시 말해서 1절은 2절부터 4절까지의 문단과 서로 다른 주제를 갖고 있다는 뜻이다.

더욱 흥미로운 것은 1절의 "사람에게 보이려고 그들 앞에서 너희 의를 행치 않도록 주의하라 그렇지 않으면 하늘에 계신 너희 아버지께 상을 얻지 못하느니라"에서 '의'(righteousness)로 번역된 단어가 킹제임스 성경에는 '구제'(alms) 곧 자비를 베푸는 구호행위로 번역 되어 있는 것이다.

이와 같은 기록으로 신학자들 사이에서 '의'가 맞느냐 '구제'가 맞느냐 다툼이 되었는데, 1절에서 언급된 '의'의 단어가 의를 이루는 유대인의 종교적 행동 곧 '구제'(2)와 '기도'(6)와 '금식'(16)을 다루는 문장 가운데서 계속 나타나는 것으로 볼 때, 이러한 해석의 충돌은 문장의 총체적 의도를 설명하는데서 나온 것이 아닌가 싶다.

1절에서 주님은 잘못된 의로운 행동에 대하여 "하늘에 계신 너희 아버지께 상을 얻지 못하리라"(1) 경고하셨다. 이 말씀 속에서 이 땅에서 행하는 의인들의 의의 행동들은 하나님 아버지로부터 받을 보상

이 전제되어 있음을 발견할 수 있다.

그러므로 성경은 "전날에 너희가 빛을 받은 후에 고난의 큰 싸움에 참여한 것을 생각하라"(히10:32) 기록하였고, 다시 "그러므로 너희가 담대함을 버리지 말라 이것이 큰 상을 얻느니라"(히 10:35) 기록하였다.

사실 많은 사람들이 교회나 어떤 종교적 행위에 동참하는 것은 그들이 추구하는 어떤 보상이 있기 때문이다. 그러므로 만약 어느 종교에는 보상이 있고 어떤 종교는 보상이 없다면 보상이 없는 종교는 바로 망하고 말 것이다. 이러한 이유로 많은 이단들이 성경의 말씀들을 임의로 변개하여 자기들에게만 허락된 하늘의 보상이 있다고 사람들의 마음을 미혹하고 있다.

주님은 에베소 교회의 이단 경계사역에 대하여 "네가 니골라당의 행위를 미워하는도다 나도 이것을 미워하노라"(계 2:6) 칭찬하셨다. 여기서 말씀하신 니골라당의 행위란 교회 안의 계급적 신분을 둔 것이다. 다시 말해 성령의 은사를 통해 주께서 주신 목사나 집사와 같은 직무상의 직분이 아니라 각 사람의 행위에 따라 교회 안에 신분적 위상을 높힌 것을 말한다.

예수님은 삶의 필요와 의인의 보상을 구하는 우리에게 "너희는 먼저 그의 나라와 그의 의를 구하라 그리하면 이 모든 것을 너희에게 더하시리라"(33) 말씀하셨다. 여기서 먼저라고 하신 것은 우선권을 말씀하신 것이다. 다시 말하여 하나님의 나라 주역인 그리스도인으로서 믿음생활의 최우선적 순위를 언급하신 것이다.

그 이유는 하나님의 뜻은 이 땅에 하나님의 나라 곧 예수 그리스도의 왕국을 세우는데 있기 때문이다. 그러므로 "그리스도의 나라를 구하라"는 말씀은 세상의 것으로 채우기 위한 목적으로 살 것이 아니라 영적생활을 추구하라는 말씀이다.

또한 '그의 의'란 예수 그리스도의 의를 말한다. 따라서 믿음생활 속에서 영적 갈급함과 의의 갈급함은 그리스도의 나라에 들어가기 위한 필수 요소로서 어떤 종교적 파워나 인간의 의로운 행동으로도 성취할 수 없는 것이다.

그러므로 그의 나라를 소망하는 사람은 먼저 '그의 나라와 의'를 구하여야만 한다. 또한 그리스도인들이 삶 가운데 행하는 의는 하나님께 속한 것으로 그 상이 하나님으로부터 오는 것이다. 결코 사람에게 보이기 위한 것이 되어서는 안 된다는 것을 알아야 할 것이다.

사랑하는 나의 아버지 위대하신 당신의 이름을 찬미합니다. 내가 주의 나라가 임하시기를 간구하옵고 또 주의 의를 사랑하오니 주여 이제 우리로 이 고통의 사슬에서 풀어 널리 다니게 하소서. 내가 주의 영광을 바라보며 기뻐하오니 주여 부디 내게 임하여 주옵소서. 예수 그리스도의 이름으로 기도드립니다. 아멘.

[핵심연구]
1. 그의 나라는 무엇을 뜻하는가?
2. 그의 의는 무엇을 뜻하는가?

개나 돼지에게 주지 말라

(마태복음 7:6) 거룩한 것을 개에게 주지 말며 너희 진주를 돼지 앞에 던지지 말라 저희가 그것을 발로 밟고 돌이켜 너희를 찢을까 염려하라

오늘 주께서 말씀하신 '거룩한 것'이란 하나님으로부터 온 구별된 것을 뜻한다. 또한 '진주'란 오랜 인내와 노력으로 결실한 성도들의 믿음의 열매를 뜻한다. 또한 여기서 개는 먹을 것을 위해 주인을 바꾸기를 서슴지 않는 배반의 습성을 말하며 돼지는 자기 배를 살찌우기 위해 수단과 방법을 가리지 않는 거짓 교사들을 말한 것이다.

후일 사도 베드로는 그의 서신에서 "참 속담에 이르기를 개가 그 토했던 것에 돌아가고 돼지가 씻었다가 더러운 구덩이에 도로 누웠다 하는 말이 저희에게 응하였도다"(벧후 2:22) 증거하였다. 이는 예수께서 하신 말씀을 인용한 것으로 그 당시 교회 성도들을 미혹하는 거짓 선지자와 거짓 교사들을 향한 경계의 메시지이다.

오늘 주님은 우리에게 개와 돼지를 비유로 "저희가 너희를 찢어 상하게 할까 염려하라" 경계하셨다. 이는 본성적으로 회개를 이루지 않은 자들이 교회 안에 들어와 거룩한 성도의 믿음을 짓밟고 훼방할 것을 염려하신 것이다.

사도행전 15장에는 예루살렘 지도자 공회에서 주 예수 그리스도의 은혜의 법을 대적하여 모세의 할례를 교회 안에 심으려는 무리들에

대하여 기록되었다. 그들은 사도들에게 나타난 주 예수 그리스도의 권세를 탐하여 교회 안으로 몰래 스며들어 온 자들이다.

그러므로 바울은 "가만히 들어 온 거짓 형제들이 예수 그리스도 안에서 우리의 가진 자유를 엿보고 우리를 종으로 삼고자 함이로다"(갈 2:4) 경계하였고, 사도 요한은 그들에 대하여 "저희가 우리에게서 나갔으나 우리에게 속하지 아니하였나니 만일 우리에게 속하였다면 우리와 함께 거하였으려니와 저희가 나간 것은 다 우리에게 속하지 아니함을 나타내려 함이니라"(요일 2:19) 기록하였다.

오늘 주님은 우리에게 "하나님의 거룩한 것을 개에게 주지 말며 너희의 진주를 돼지 앞에 던지지 말라" 경고하셨다. 어쩌면 이 말씀은 복음의 은혜 가운데 부름을 받은 모든 자들에게 경계의 말씀으로 주신 것인지도 모른다.

주께서 말씀하신 '거룩한 것'과 '진주'는 오직 하나님의 은혜로 예수 그리스도의 것으로 택함을 받은 성도들의 인격이며 삶의 표상이다. 이것은 우리의 의로움과 노력으로 얻은 것이 아니라 오직 하나님의 아들 예수 그리스도를 믿음으로 주신 상급이다. 그러므로 우리는 온전한 믿음을 통해서 거룩함과 의로움을 지켜야 할 것이다.

어느 교단에서는 '하나님의 유기' 곧 태어남으로부터 정죄되어 구원을 받지 못할 사람들이 있다고 말한다. 그러나 성경은 그렇게 말하고 있지 않다. 우리가 멸망의 아들 가룟 유다를 보건대, 하나님의 유기된 백성은 처음부터 작정된 것이 아니라 주의 택하심 가운데서도 그 마음이 교만하여 더러움에 이끌려 스스로 주께서 미리 말씀하신 멸망의 길로 스스로 내려간 것이다.

이들을 향하여 성경은 "한번 비췸을 얻고 하늘의 은사를 맛보고 타락한 자들은 다시 새롭게 하여 회개케 할 수 없나니 이는 자기가 하나님의 아들을 다시 십자가에 못 박아 현저히 욕을 보임이라"(히 6:6) 하였고 다시 "우리가 진리를 아는 지식을 받은 후 짐짓 죄를 범한즉 다시 속죄하는 제사가 없고 오직 무서운 마음으로 심판을 기다리는 것과 대적하는 자를 소멸할 맹렬한 불만 있으리라"(히 10:26,27) 기록하였다.

사랑하는 주님! 아직 우리는 진리의 온전함 속에 거하지 못하여 거룩함과 그리스도의 의로움을 상실할 때가 있습니다. 그러나 우리는 주께서 택하신 하나님의 자녀들이오니 진리의 영으로 우리를 지켜 주시옵소서. 예수 그리스도의 이름으로 기도합니다. 아멘.

[핵심연구]
1. 거룩한 것을 개에게 주지말라는 말씀은 무엇인가?
2. 너희 진주를 돼지에게 주지말라는 말씀은 무엇인가?
3. 진주는 무엇을 뜻하는가?

누가 천국에 들어갈 것인가?

(마태복음 7:21) 나더러 주여 주여 하는 자마다 천국에 다 들어갈 것이 아니요 다만 하늘에 계신 내 아버지의 뜻대로 행하는 자라야 들어가리라

나는 미국을 방문할 때마다 갈보리 채플의 목사로 부름 받은 것에 대하여 자랑스럽게 생각한다. 한국에서의 갈보리 채플 현황을 보면 정말 흔적도 없이 아득하지만 그래도 아직 나는 내게 맡기신 작은 우리 안에 있는 하나님의 양들의 평안한 삶을 꿈꾸고 있다.

오늘 예수님은 "아름다운 열매를 맺지 아니하는 나무마다 찍혀 불에 던지우느니라 이러므로 그의 열매로 그들을 알리라"(19, 20) 말씀하셨다. 여기서 주님은 어느 것을 선택할 것이냐를 물은 것이 아니라 아름다운 열매를 요구하신 것이다. 우리 교회가 맺어야 할 단 한 가지 열매 곧 의의 열매를 말씀하신 것이다.

주님은 21절에서 "나더러 주여 주여 하는 자마다 천국에 다 들어갈 것이 아니요 다만 하늘에 계신 내 아버지의 뜻대로 행하는 자라야 들어가리라" 말씀하셨다. 이 말씀도 역설적이다.

성경대로 하면 "마음으로 주를 믿어 입으로 예수를 시인하면 구원을 얻으리라" 하셨고 "누구든지 주의 이름을 부르는 자는 부끄러움을 당치 아니하리라"(롬 10:13) 말씀하였기 때문이다.

그러나 주님은 부연 설명을 통해 "그날에 많은 사람이 나더러 이르되 주여 주여 우리가 주의 이름으로 선지자 노릇하며 주의 이름으로 귀신을 쫓아내며 주의 이름으로 많은 권능을 행치 아니하였나이까 하리라"(22) 증거하셨다.

주께서 지적하신 많은 사람들은 모두 주의 이름으로 예언을 하고 귀신을 쫓아내고 권능을 행하였다. 어떻게 보면 이들은 마술사와 같기도 하고 초능력을 일으키는 전문 직업인 같은 느낌이다.

이 글을 볼 때 어쩌면 이들은 주님의 명령을 잘 지킨 자들과 같이 생각 된다. 그러나 주님은 "너희는 가서 모든 족속으로 제자를 삼아 아버지와 아들과 성령의 이름으로 세례를 주고 내가 너희에게 분부한 모든 것을 가르쳐 지키게 하라"(마 28:19,20) 하셨지 결코 표적을 행하라 하시지 않았다.

이들에게 주님은 "그때에 내가 저희에게 밝히 말하되 내가 너희를 도무지 알지 못하니 불법을 행하는 자들아 내게서 떠나가라 하리라"(23) 책망하셨다. 여기서 '그 때'란 어느 때인가, 바로 '그날' 곧 심판의 날이다. 그들은 자기 행위를 따라 책들에 기록된 대로 심판을 받을 것이다(계 20:12).

그러므로 바울은 "악한 자의 임함은 사탄의 역사를 따라 모든 능력과 표적과 거짓 기적과 불의의 모든 속임으로 멸망하는 자들에게 임하리니 이는 저희가 진리의 사랑을 받지 아니하여 구원을 얻지 못함이니라"(살후2:9,10) 증거하였다.

더 나아가 바울은 다시 "하나님이 유혹을 저의 가운데 역사하게 하사 거짓 것을 믿게 하심은 진리를 믿지 않고 불의를 좋아하는 모든 자로 심판을 받게 하려 하심이니라"(살후 2:11,12) 경고 하였다.

오늘날 우리는 이러한 사람들의 집회를 보고 있다. 그러나 정작 우리가 안타까운 것은 그들의 입에서 불을 토하듯 하는 메시지를 들으며 아멘을 연발하는 무지몽매한 사람들이다. 그들도 예수 그리스도의 이름을 믿어 구원받은 자녀들인데, 진리의 사랑함을 받지 못하여 이단 사설의 덫에 갇혀 종교적 행위에 중독된 자들이다. 나는 이들이 속히 눈을 뜨게 되기를 기도한다.

사랑하는 나의 주님! 오늘날 교회 안에 사탄의 세력들이 역사하고 있습니다. 그들은 그리스도의 진리를 훼방하며 성도들의 마음을 훔치고 거룩함을 상실케 하고 있습니다. 주께서 진리로 주의 성도들을 거룩하게 하여 주의 성도를 보호하여 주시옵소서. 예수님의 이름으로 기도합니다. 아멘.

[핵심연구]
1. 천국에 들어가는 자는 누구인가?
2. 주여 주여 하는 자들이 천국에 들어가지 못하는 이유는 무엇인가?
3. 무엇이 하나님의 뜻대로 행하는 것인가?

예수가 필요한 사람들

(마태복음 8:29) 이에 저희가 소리 질러 가로되 하나님의 아들이여 우리와 당신과 무슨 상관이 있나이까 때가 이르기 전에 우리를 괴롭게 하려고 여기 오셨나이까 하더니

예수님과 제자들이 바다 건너편으로 건너 가다라 지방에 가시니 그곳에 귀신들린 자 둘이 무덤 사이에서 막고 있었다. 그러나 흥미롭게도 이 지역은 복음서에 상반된 이름으로 기록되었다.

마가복음과 누가복음에는 '거라사인의 땅'이라 기록되었고 마태복음에는 '가다라'라고 기록되었다. 이를 두고 어떤 사람들은 마태가 잘못 기록한 것이거나 다른 이름으로 불리는 같은 지역이라고도 말한다.

그러나 '거라사'나 '가다라'는 헬라시대에 10개의 도시를 묶어서 설립한 '데카폴리'라는 통합 도시국가들에 속한 지역이다. 다시 말하여 오늘날 유럽연합(EU)과 같은 성격을 가진 10개의 통합국가의 명칭으로 후일 이곳은 칠병이어의 기적을 일으키게 된 근원지이기도 하다 (참조 막 7:31, 8:20).

데카폴리의 10개의 성읍은 스키도폴리스, 펠라, 디온, 거라사, 필라델피아, 가다라, 라바나, 가나다, 히포스 그리고 다메섹으로 이 지역은 위도 상, 정치와 경제 교류의 천혜의 조건을 갖고 있어, 고대 팔레

스타인 통치자들이 서로 노리던 전략적 요지였다.

데카폴리 도시국가를 만든 헬라의 알렉산더 대왕은 이 지역을 동방 정복의 요새로 확정하고 헬라화하기 위해 10개의 각 도시마다 독립된 의회와 화폐를 가진 지방자치 군주제도를 도입하고 상호 방위조약과 통상조약을 체결한 연방정치를 수립하였다.

또한 알렉산더 대왕은 데카폴리 10개의 성을 헬라도시로 활성화하기 위해 여러 가지 정치적 특혜를 주어 헬라의 상류 귀족들의 휴양도시가 되었다. 오늘날 각 나라들이 지방자치제를 시행하여 경제개발을 꾀하는 것과 같다고 하겠다.

헬라왕국의 멸망 후 이 지역은 시리아에 예속되었다가 기원전 2세기 중엽, 유대의 마카비 형제들이 일어나 유대를 독립하면서 데카폴리 일대는 다시 유대에 예속되어 마카비 왕조는 헬라정책을 말살하기 위하여 유대인을 이주시켜 율법화 하였다. 그러나 불행하게도 유대의 마카비 왕조는 로마의 폼베이에 의하여 몰락하고 이 지역은 다시 팍스 로마나 지배 속으로 들어갔다.

오늘 예수께서 제자들과 이 지역에 들어서자 군대귀신 들린 자가 나타나 "하나님의 아들이여 우리와 당신과 무슨 상관이 있습니까 때가 이르기 전에 우리를 괴롭게 하려고 여기 오셨나이까"(29)소리쳤다. 귀신들이 예수 그리스도의 실체를 알고 있다는 것이 흥미롭다.

우리는 귀신에게 사로잡힌 사람은 그 스스로 아무것도 할 수 없도록 영혼이 마비되어 버린다는 것을 알고 있다. 또한 흥미로운 것은 귀신

들린 자는 얽매여 있기를 싫어하여 쇠사슬을 끊어낼 수 있는 막강한 힘을 갖고 있으면서도 격리된 장소에서 밤낮 소리를 지르며 스스로 제 몸을 상하고 있다는 것이다.

오늘날 수많은 젊은이들이 술과 담배와 마약에 빠져 성적 쾌락을 위해 자신의 욕망을 불태우고 있다. 그러나 실로 안타까운 것은 사랑하는 자녀들이 사탄의 영들에 사로잡혀 더러운 것에 이끌리는 것을 보고도 우리 교회들은 속수무책인 것이다.

오늘 우리가 기억해야 할 것은 아무도 감당할 수 없는 더러운 귀신의 사슬을 풀기 위해 예수 그리스도께서 친히 그에게 나아 가셨다는 사실이다. 귀신에게 영혼을 사로잡힌 자는 스스로 주 앞에 올 수 없기 때문이다. 더욱 놀라운 것은 군대귀신 들린자가 후일 데카폴리의 복음 전도자가 되었다는 것이다. 그러므로 오늘의 메시지는 세상의 악한 영들에게 사로잡힌 젊은 세대들을 위한 메시지이기도 하다.

사랑하는 주님! 우리는 주께서 오실 날이 가까운 시대를 살고 있음에도 거리마다 타락한 청년들이 물결치고 있습니다. 그럼에도 교회는 속수무책입니다. 부디 복음의 입을 열어 저들로 구원을 얻게하소서. 예수 이름으로 기도합니다. 아멘!

[핵심연구]
1. 데카폴리에 대한 시대적 현상은 무엇인가?
2. 군대귀신 들린 자에 대한 종말론적 관점은 무엇인가?

영적 패러다임

(마태복음 9:17) 새 포도주를 낡은 가죽 부대에 넣지 아니하나니 그렇게 하면 부대가 터져 포도주도 쏟아지고 부대도 버리게 됨이라 새 포도주는 새 부대에 넣어야 둘이 다 보전되느니라

우리는 8장에서 귀신을 쫓아내고 질병을 고치시는 예수 그리스도의 말씀의 권세와 이적을 이끌어 내는 믿음의 실체에 대하여 살펴보았다. 마태는 예수께서 하신 일들에 대하여 "이는 선지자 이사야로 하신 말씀에 우리 연약한 것을 담당하시고 병을 짊어지심을 이루려 하심이더라"(17) 증거하였다.

오늘 우리가 살펴볼 말씀은 8장의 연장선으로서 역시 예수님의 치유사역에 관한 내용이다. 또한 이 말씀은 10장에서 이 땅의 복음의 추수꾼인 제자 사역으로 이어진다. 그러므로 9장은 복음사역을 맡은 제자들에게 의식전환의 중요성에 대하여 말씀하신 것이다.

본문 14절에는 금식에 관한 문제가 다시 거론되고 있다. 세례 요한의 제자들이 주께 나아와 "우리와 바리새인들은 금식하는데 어찌하여 당신의 제자들은 금식하지 않습니까?"(14)하고 이의를 제기한 것이다. 이는 곧 종교 행위에 대한 이의를 거론한 것이다.

이에 예수님은 "혼인집 손님들이 신랑과 함께 있을 동안에 슬퍼할 수 있느냐 그러나 신랑을 빼앗길 날이 이르리니 그때에는 금식할 것

이니라"(15) 대답하셨다. 여기서 주님은 자신이 세상을 떠날 것임을 암시하시며 금식은 종교적 의식이 아닌 영적 필요에 의한 것임을 깨우치셨다.

오늘 우리는 주께서 "너희는 가서 내가 긍휼을 원하고 제사를 원치 아니하노라 하신 뜻이 무엇인가를 배우라"(13)하신 말씀을 생각할 필요가 있다. 이것은 하나님의 뜻에 대한 이해를 요구하신 것으로, 하나님은 종교적 제단에 의미를 둔 것이 아니고 예배자의 마음을 보고 계신 것이다. 그럼에도 우리 교회들은 어떤 종교적 의식에 치우쳐 하나님의 뜻을 지나칠 때가 있다.

계속하여 주님은 "생베 조각을 낡은 옷에 붙이는 자가 없나니 이는 기운 것이 그 옷을 당기어 헤어짐이 더하게 됨이요 새 포도주를 낡은 가죽 부대에 넣지 아니하나니 그렇게 하면 부대가 터져 포도주도 쏟아지고 부대도 버리게 됨이라 새 포도주는 새 부대에 넣어야 둘이 다 보전되느니라"(17,18) 말씀하셨다.

교회가 시작된 이래 사람들은 내부적으로 교회의 모순점을 개혁하려 애를 써 왔다. 그러나 수 세기 동안 개혁을 통해서 온전함을 이룬 일은 한 번도 없다. 그러므로 주님은 유대교의 전통을 보완하여 그 속에서 개혁을 시도하지 않으셨다. 예수님은 자신으로부터 새로운 출발을 하신 것이다.

지금까지 교회사를 볼 때 유대교, 로마 가톨릭, 그리고 루터교와 장로교, 감리교, 오순절 교파, 침례교의 발전 형태를 생각해 보자. 모두가 성경진리의 교리들을 자신들의 교리로 발전시켰다. 그때마다 사람들은 옛것에 대한 비판을 하며 개혁이라는 빌미로 또다른 새로운 교리를 만들어 내었고 결국 그들의 교리는 교회의 분열을 초래하였다.

그러므로 주님은 새 포도주 비유로서 그 당시 유대교의 종교체제들은 더 이상 개혁할 수 없는 상태에 도달하신 것을 언급하신 것이며 사람의 개혁으로는 하나님의 뜻을 이룰 수 없음을 말씀하신 것이다.

오늘날도 해마다 수많은 신학생들이 쏟아져 나오고 있다. 그들은 마음만 먹으면 목사가 되어 모름지기 주 예수 그리스도의 종으로 자처하며 복음의 추수꾼으로 나선다. 그러나 그들이 모두 추수하는 주인으로부터 보내심을 받은 것인지 우리는 알 수가 없다. 오늘 우리는 주께서 자기를 따르겠다고 헌신하던 서기관에게 여우도 굴이 있고 공중의 새도 둥지가 있으나 나는 내 머리 둘 곳이 없다고 하신 말씀을 기억할 필요가 있다.

사랑하는 나의 하나님! 나는 여호와 하나님께서 그의 영광을 위해 이스라엘 백성들 중에 7,000명을 남겨 두셨듯이 이제도 추수할 일꾼을 보내실 것을 믿고 있습니다. 이제 곧 예수 그리스도의 재림이 가까웠기 때문입니다. 부디 복음의 추수꾼들을 보내 주시옵소서! 예수님 이름으로 기도합니다. 아멘.

[핵심연구]
1. 낡은 부대와 새 부대는 무엇을 비유하는가?
2. 생베 조각을 낡은 옷에 붙이는 것은 무엇을 뜻하는가?
3. 금식은 어떤 때에 하여야 하는가?

추수군의 지혜

(마태복음 10:16) 보라 내가 너희를 보냄이 양을 이리 가운데 보냄과 같도다 그러므로 너희는 뱀같이 지혜롭고 비둘기 같이 순결하라

예수님은 산상수훈을 통해서 천국복음을 맡은 제자들이 지켜야 할 의로운 삶의 지침들을 가르쳐 주셨다. 이것은 제자들의 복음적 삶을 통해서 하나님 나라를 세워야하기 때문이다. 그러나 이것만으로는 악한 세상과 싸워 이길 수 없다. 세상은 사탄의 권세 속에 있기 때문이다. 그러므로 예수님은 복음의 사도 열둘을 세우시고 더러운 귀신을 쫓아내며 모든 병과 모든 약한 것을 고치는 권능을 주셨다.

주님은 제자들을 내어 보내시면서 "보라 내가 너희를 보냄이 양을 이리 가운데 보냄과 같도다 그러므로 너희는 뱀같이 지혜롭고 비둘기 같이 순결하라"(16) 말씀하셨다. 이는 세상에서의 그들의 삶이 영적 전쟁이기 때문이다.

양은 목자의 인도함을 받는 초식동물이며 이리는 짐승을 잡아먹는 육식동물이다. 주님은 '유리하는 백성을 보시며 목자 없는 양과 같다' 하셨으며 '양의 옷을 입고 나오는 거짓 선지자들을 가리켜 노략을 일삼는 이리'라고 하셨다(마7:15).

그러므로 복음 사역자들은 삶의 길을 잃은 사람들을 진리의 길로 인도하기 위하여 보냄을 받은 자들로서 양들을 먹이로 삼는 거짓 선지

자들의 손으로부터 양들을 지켜야 하기 때문에 뱀같이 지혜롭고 비둘기같이 순결해야 한다고 말씀하신 것이다.

성경에서의 뱀은 하나님의 영광을 위해 창조한 첫 사람 아담을 유혹하기 위해 사탄이 이용한 지혜로운 짐승이었다. 이와 같이 사탄의 영들은 뱀의 지혜로서 하나님의 사람들을 넘어뜨리고 있다.

그러므로 우리가 하나님의 말씀에 대한 온전한 지혜가 없으면 결국 이리들에게 사로잡힐 수밖에 없는 것이다. 따라서 뱀같이 지혜로워야 한다는 말씀은 뱀처럼 교묘한 말로서 사람을 살피라는 말이 아니라 이리 같은 사람들이 주의 백성들을 미혹하지 못하도록 성결한 성령의 지혜로서 하나님의 양들을 지키라는 말씀이다.

오늘날 우리는 성경의 말씀으로 하나님의 양들을 유혹하고 시험하는 사람들을 본다. 그들은 특유한 말로 사람들의 감정을 흔들어 그 마음을 훔치고 있다. 그러므로 히브리서 기자는 "하나님의 말씀을 너희에게 이르고 너희를 인도하는 자들을 생각하며 저희 행실의 종말을 주의하여 보고 저희 믿음을 본받으라"(히 13:7) 경계하였다.

또한 예수님은 겟세마네 동산에서 "내가 비옵는 것은 저희를 세상에서 데려가시기를 위함이 아니요 오직 악에 빠지지 않게 보전하시기를 위함이니이다"(요 17:15) 기도하셨다.

삼 년간 예수님과 함께 생활하며 하나님의 말씀을 배운 제자들일지라도 악에 빠질 수 있기 때문이다. 이는 세상의 배후에는 악한 뱀들 곧 영들의 실체가 성도의 삶 속에 역사하고 있기 때문이다.

그러므로 예수님은 하나님께 "저희를 진리로 거룩하게 하옵소서 아버지의 말씀은 진리니이다"(요 17:17) 간구하셨다. 이는 오직 하나님 아버지의 진리의 말씀만이 사람을 거룩하게 하여 사악한 영들로부터 지킬 수 있기 때문이다.

나는 오늘 이 말씀을 보며 귀신을 쫓고 모든 병과 약한 것을 고치는 권능을 받은 복음의 제자들이 하나님의 말씀 곧 진리를 외면하면 어떻게 될까 생각해 본다. 그들은 결국 뱀과 같은 간교함으로 하나님의 백성들을 미혹하고 하나님의 양을 먹이로 삼는 이리가 되고 말 것이다. 그러나 이것은 뼈아픈 오늘의 목양 현실 중의 하나가 되었다.

사랑하는 나의 주 예수님! 세상은 갈수록 악으로 가득차고 교회는 거룩한 권위를 상실하고 있습니다. 이것은 우리 교회가 성경의 진리를 외면하고 종교적 교리와 교회 성장에 몰두하고 있기 때문입니다. 이제 주의 날이 가까웠으니 세상 가운데서 택하신 하나님의 자녀들을 구원할 복음의 제자들을 보내소서. 예수 그리스도의 이름으로 기도합니다. 아멘.

[핵심연구]
1. 뱀과 비둘기는 어떤 비유인가?
2. 복음의 제자들이 조심해야 할 것은 무엇인가?
3. 예수님은 제자들에게 무엇을 요구하셨나?

실족치 않는 자의 복

(마태복음 11:6) 누구든지 나를 인하여 실족하지 아니하는 자는 복이 있도다

오늘 이 말씀은 세례 요한이 옥에 갇혔을 때, 그의 제자들을 예수께 보내어 "오실 그이가 당신입니까 우리가 다른 이를 기다려야 합니까"(3) 질문할 때 예수께서 요한의 제자들에게 하신 말씀이다.

여기서 '실족'이란 '스캔들'과 같은 유혹의 덫에 빠지는 것을 말한다. 다시 말하여 성경에 기록된 메시아에 대한 계시의 말씀에 대한 온전한 이해를 언급한 것이다. 따라서 우리가 계시의 말씀을 온전히 이해하려면 성경 말씀에 대한 현실적 갭을 넘어야 한다. 그것은 오직 택하신 자에게 주신 은혜로서 성령의 깨닫게 하심을 따라 가르침을 받는 것이다.

그러므로 사도 베드로는 "우리 사랑하는 형제 바울도 그 받은 지혜대로 너희에게 이같이 썼고 또 그 모든 편지에도 이런 일에 관하여 말하였으되 그중에 알기 어려운 것이 더러 있으니 무식한 자들과 굳세지 못한 자들이 다른 성경과 같이 그것도 억지로 풀다가 스스로 멸망에 이르느니라"(벧후 3:16) 증거하였다.

만약 이 말씀이 오늘 당신에게 주어진 것이라면 당신은 어떤 표정을 짓고 있을까? 만약 당신이 평안한 얼굴로 여유 있는 표정을 짓고 있

다면 주님은 당신을 기쁘게 받으실 것이다. 그러나 만약 아직도 당신이 예수 그리스도에 대하여 분명한 입장을 취하지 못하고 있다면 주님은 안타까운 눈으로 당신을 바라보실 것이다.

왜냐하면 지금 우리는 예수께서 이 말씀을 하신 지 이미 2,000년의 세월이 지난 시점에 살고 있고 분명한 것은 주께서 말씀하신 그날은 우리 앞으로 매우 빠르게 달려오고 있기 때문이다. 그날은 바로 심판의 날이냐 아니면 영원한 안식의 날이냐 하는 돌이킬 수 없는 결산의 때인 것이다.

이와 같이 우리는 성경이 완성된 시대에 살고 있다. 세례 요한의 때처럼 아직 미완성의 단계가 아닌 조금도 부족함이 없이 완성된 계시 속에 살고 있다. 물론 아직도 사람들은 전쟁과 질병과 삶의 고통 가운데 신음하며 음행과 여러 가지 죄악들로 유혹을 받고 있지만 우리는 완성된 성경의 계시 속에서 살고 있는 것이다.

어떤 교회들은 하나님의 심판과 세상이 멸망할 것을 믿지 않는다. 그들은 이 지구상에서의 파라다이스를 꿈꾸며 지상낙원을 세우기 위해 복음전도를 해야 한다고 외치고 있다.

그러나 베드로 사도는 "주의 약속은 어떤 이의 더디다고 생각하는 것 같이 더딘 것이 아니라 오직 너희를 대하여 오래 참으사 아무도 멸망치 않고 다 회개하기에 이르기를 원하시느니라 그러나 주의 날이 도적같이 오리니 그 날에는 하늘이 큰 소리로 떠나가고 체질이 뜨거운 불에 풀어지고 땅과 그 중에 있는 모든 일이 드러나리로다"(벧후 3:9,10) 증거하였다.

오늘 예수님은 우리에게 "세례 요한의 때부터 지금까지 천국은 침노를 당하나니 침노하는 자는 빼앗느니라"(12)말씀하셨다.

여기서 침노라는 것은 전쟁 용어로서 무력을 사용하여 강력하게 돌파하는 행위를 말한다. 그러므로 천국입성을 위해서는 극한 영적전쟁이 필요한 것이다. 그러므로 천국을 소망하는 우리에게 절대절명의 믿음이 필요한 것이다.

이에 히브리서 기자는 "우리는 뒤로 물러가 침륜에 빠질 자가 아니요 오직 영혼을 구원함에 이르는 믿음을 가진 자니라"(히 10:39) 기록하였다. 주여 어서 오시옵소서.

사랑하는 주님! 오늘날 우리가 그리스도로 인해 실족할 일들은 무엇입니까? 오늘 우리가 사는 세상은 세속적인 철학과 이단 사설이 난무하고 있습니다. 교회 안에 인간이 지어낸 철학과 심리학이 난무하고 있습니다. 이제 복음의 부흥의 시대를 열어 주셔서 우리로 진리를 선포하게 하소서. 예수 이름으로 기도합니다. 아멘.

[핵심연구]
1. 믿는 우리를 실족케 하는 것은 무엇인가?
2. 당신은 무엇에 마음을 빼앗기고 있는가?
3. 마귀가 유혹할 당신의 스캔들은 무엇인가?

너의 주인은 누구인가?

(마태복음 12:30) 나와 함께 아니하는 자는 나를 반대하는 자요 나와 함께 모으지 아니하는 자는 헤치는 자니라

오늘 말씀은 예수님에 대한 우리의 믿음의 태도와 관련된 말씀으로 믿음의 선택은 중간지대의 여지가 없음을 증명한다. 다시 말해서 하나님 아들을 믿음에 있어 '글쎄, 나는 한편으로는 예수를 믿지만, 한편으로는 믿지 않는다'고 애매모호하게 말할 수 없다는 뜻이다.

따라서 사람들은 예수를 영접하든지 아니면 배척하든지 둘 중 하나를 선택할 수밖에 없다. 그러므로 예수님은 "나와 함께하지 않는 자는 나를 반대하는 자라" 말씀하신 것이다.

이와 같이 믿는 자의 삶 역시 중간적인 태도 표명은 있을 수 없음을 기억해야 한다. 그분을 위한 삶이 아니면 그분을 대적하는 삶이 되기 때문이다.

유대인들이 예수를 비난하며, 예수께서 사탄의 힘으로 사탄을 쫓아내는 일을 한다고 비난했을 때, 예수님은 "내가 너희에게 이르노니 사람의 모든 죄와 훼방은 사하심을 얻되 성령을 훼방하는 것은 사하심을 얻지 못하겠고 또 누구든지 말로 인자를 거역하면 사하심을 얻되 누구든지 말로 성령을 거역하면 이 세상과 오는 세상에도 사하심을 얻지 못하리라"(31-32) 말씀하셨다.

여기서 성령을 거역하는 것은 구체적으로 어떤 행위를 말하는 것인가? 기본적으로 그것은 당신의 삶 속에서 거듭 성령의 인도하심을 따르지 않고 예수를 거부하는 행위이다.

예수님은 성령이 오셔서 예수님에 대해 증거하리라 말씀하셨다. 또한 성령이 오시면 의에 대하여, 심판에 대하여, 이 세상의 죄에 대하여 책망하실 것이라고 말씀하시며, 죄에 대하여라 함은 저희가 예수님을 믿지 않았기 때문이라 하셨다.

하나님께서는 우리의 죄를 용서해 주시기 위해서 오직 한 길을 준비하셨고 이 사실은 오직 그분의 독생자 안에서만 발견된다. 그리고 성령님은 죄 사함을 얻을 수 있는 길은 오직 예수 그리스도를 주님으로 영접하는 것뿐이라는 사실을 증거한다.

그럼에도 예수 그리스도만이 구주가 되신다는 이 사실을 계속적으로 부인한다면, 곧 성령의 인도하심을 계속적으로 거부한다면, 결코 당신의 영혼은 구원받을 수 없게 된다.

그러므로 성경은 이미 "천하 인간에 구원을 얻을 만한 다른 이름을 우리에게 주신 일이 없음이니라" 선언하였다. 그러므로 예수 그리스도의 죽으심을 통해서 주어지는 죄 사함을 계속해서 거부한다면 이 세상과 앞으로 올 세상에서 죄 사함을 받을 다른 대안이 없음을 알아야 한다.

하나님의 영 성령은 우리 마음속에 이 진리를 증거하고 계신다. 그러므로 예수 그리스도를 믿도록 인도하는 성령의 증거를 받지 않고 거부하는 것은 궁극적으로 성령을 훼방하는 죄가 된다.

주님은 오늘 우리에게 "나와 함께 아니하는 자는 나를 반대하는 자요 나와 함께 모으지 아니하는 자는 헤치는 자니라" 말씀하셨다. 여기서 함께한다는 것은 무엇인가? 이는 이상적 비전이며 삶의 철학이며 생활방법을 뜻한다. 또 함께 모으지 않는 것은 무엇일까? 이는 교회의 속성을 말씀하신 것이다.

그러므로 히브리서 기자는 "모이기를 폐하는 어떤 사람들의 습관과 같이하지 말고 오직 권하여 그 날이 가까움을 볼수록 더욱 그리하자"(히10:25) 권고하였다.

사랑하는 주님! 오늘 내가 예수님을 나의 주인으로 모심을 감사드립니다. 또한 이 은혜는 하나님으로부터 예정하신 것으로 그 누구도 관여할 수 없는 양자의 언약입니다. 이제 내가 이 진리를 깨달았사오니 주님 나로 하여 주의 부르심에 합당한 일들을 하게 하옵소서. 예수 이름으로 기도합니다. 아멘

[핵심연구]
1. 그리스도와 함께 한다는 것은 무슨 뜻인가?
2. 성령의 훼방은 무슨 뜻인가?
3. 그리스도는 당신에게 누구인가?

천국의 비밀

(마태복음 13:11) 대답하여 말씀하시되 천국의 비밀을 아는 것이 너희에게는 허락되었으나 저희에게는 아니되었나니

주님은 말씀을 들으러 해변으로 찾아 온 무리를 향하여 씨 뿌리는 비유를 통하여 하나님의 나라에 대한 메시지를 전하셨다. 여기서 비유라는 헬라어 '파라볼레'는 '배가 항구에 닿다'라는 말과 같이 서로 비교하여 사물을 설명하는 수사법이다.

주님은 여러 가지 비유를 말씀하시는 중에 먼저 "씨를 뿌리는 자가 뿌리러 나가서 뿌릴 새 더러는 길가에 떨어지매 새들이 와서 먹어버렸고 더러는 흙이 얇은 돌밭에 떨어지매 흙이 깊지 아니하므로 곧 싹이 나오나 해가 돋은 후에 타져서 뿌리가 없으므로 말랐고 더러는 가시떨기 위에 떨어지매 가시가 자라서 기운을 막았고 더러는 좋은 땅에 떨어지매 혹 백배, 혹 육십 배, 혹 삼십 배의 결실을 하였느니라 귀 있는 자는 들으라"(3-9) 말씀하셨다.

아마 이 말씀을 들은 사람들은 모두 '별 싱거운 말을 다 듣겠네' 하고 투덜대며 돌아갔을 것이다. 그들은 사실 그리스도의 메시지를 들으러 온 것이 아니고 메시아의 표적을 보기 위해 온 것이기 때문이다.

그러므로 제자들이 "어찌하여 저희에게 비유로 말씀하십니까?"(10)

하고 주께 물었다. 이에 주님은 "천국의 비밀을 아는 것이 너희에게는 허락되었으나 저희에게는 아니되었나니 무릇 있는 자는 받아 넉넉하게 되되 무릇 없는 자는 그 있는 것도 빼앗기리라" 하셨다.

여기서 천국의 비밀이 너희에게 허락되었다는 것은 천국은 아무도 알 수 없는 봉해진 계시라는 뜻이 아니라 누구든지 예수께로 나오면 알 수 있는 신비라는 뜻이다. 그러므로 주님은 여기서 천국에 속한 계시는 그를 믿는 자들에게만 허락되었음을 언급하신 것이다.

또한 '무릇 있는 자는 받아 넉넉하게 되고 무릇 없는 자는 그 있는 것도 빼앗기리라"하신 말씀은 더욱 의미심장하다. 이것은 천국의 계시는 하나 둘 씩 터득해 나가는 미래 지향적이라서 계속 지혜를 더해 가지 않는다면 갖고 있던 지식도 상실 될 수밖에 없음을 알 수 있다.

계속하여 주님은 이사야서 6장을 인용하여 "그러므로 내가 저희에게 비유로 말하는 것은 저희가 보아도 보지 못하며 들어도 듣지 못하며 깨닫지 못함이라"(13) 말씀하셨다. 하나님의 아들 예수 그리스도께서 오셨음에도 깨닫지 못하는 이스라엘 백성들의 비통함이 느껴지는 대목이다. 그러나 오늘 주께서 이 말씀을 유대인이 아닌 그리스도의 성도들에게 다시 적용하신 것은 의미심장한 일이 아닐 수 없다.

오늘날 많은 사람들이 갈급하며 하나님의 말씀을 들으러 여기저기 찾아다닌다. 모두가 능력 있는 목사, 설교 잘하는 목사를 찾는다. 그런데 정작 그들과 대화를 해 보면 그들은 천국복음에 대하여 전혀 이해를 하지 못하고 있다.

주님은 제자들에게 "그러나 너희의 눈은 봄으로 너희 귀는 들음으로 복이 있도다 많은 선지자와 의인이 너희의 보는 것들을 보고자 하여도 보지 못하였고 너희 듣는 것을 듣고자 하여도 듣지 못하였느니라"(16,17) 말씀하셨다. 이와 같이 천국복음은 그리스도의 백성들에게 허락된 것이다.

이미 주님은 세례 요한을 가리켜 "여자가 낳은 자 중에 세례요한보다 큰 이가 일어남이 없도다. 그러나 천국에서는 극히 작은 자라도 저보다 크니라"(마11:11) 하셨다. 그 이유는 그들이 비록 아주 어린 자들일 지라도 하나님의 아들 예수 그리스도를 친히 보며 그와 함께 천국을 유업으로 받아 이 땅에서 주와 함께 왕 노릇할 것이기 때문이다. 그러므로 예수 그리스도의 사람들은 반드시 천국의 비밀을 깨달아야 할 것이다.

사랑하는 주님. 우리를 주의 제자로 삼아 천국의 비밀을 깨닫게 하심을 감사드립니다. 성경에 기록하신 모든 말씀을 더욱 깊이 상고하여 주님의 나라를 준비하겠습니다. 예수님 이름으로 기도 드립니다. 아멘.

[핵심연구]
1. 비유란 무슨 뜻인가?
2. 천국의 비밀은 누구에게 주어진 것인가?
3. 천국의 비밀이 허락되었다는 말씀은 무슨 뜻인가?

너의 소유를 다 팔 수 있는가?

(마태복음 13:44) 천국은 마치 밭에 감추인 보화와 같으니 사람이 이를 발견한 후에 숨겨 두고 기뻐하여 돌아가서 자기의 소유를 다 팔아 그 밭을 샀느니라

세대주의 사람들은 밭에 감추인 보화는 이스라엘로, 좋은 진주는 예수 그리스도로 해석한다. 어떻게 들으면 일리 있는 것 같지만 이것은 매우 일방적인 해석이다. 이렇게 해석하면 성경해석은 각 사람의 생각대로 적용이 되어 아무 의미가 없을 것이다.

예수께서 천국을 비유하시며 먼저 '마치 밭에 감추인 보화와 같다' 말씀하셨다. 밭은 세상이며 보화는 가장 값진 것을 찾으며 일하는 사람들에게 발견되는 그리스도의 복음인 것을 알 수 있다. 그러나 발견하였다 해도 그 보화가 완전한 자기의 것이 될 수는 없다. 이 보화를 갖기 위해서는 자기의 모든 소유를 팔아서 그 밭을 통째로 사야하는 모험이 따른다. 그러기 위해서는 먼저 밭에 감추인 보화의 가치를 알 수 있어야 할 것이다.

우리가 이 말씀을 이해하기 위해서는 부자 청년을 생각해 볼 수 있다. 부자 청년은 메시아이신 예수께 나와 어떻게 하여야 영생을 얻을 수 있느냐 물었다. 그는 율법을 지키는 성실한 유대인임에도 천국에 대한 확신이 없었다. 주님은 그에게 네 모든 것을 팔아 가난한 자에게 주고 너는 나를 따르라 하셨다. 그러나 그 청년은 자기의 재

물이 많아 근심하며 돌아갔다. 예수 그리스도의 복음의 가치를 깨닫지 못한 것이다.

그러나 아이러니하게도 부자 청년이 소개된 본문 말미에는 소경 바디메오의 이야기가 소개되었다. 바디메오는 세상에서 거지생활을 했지만 예수님의 부르심에 자신이 걸친 모든 것을 버리고 뛰어나갔다. 그에게는 잃을 것이 없었기 때문이다. 이와 같이 천국의 보화는 자기를 포기하지 않으면 얻지 못한다. 예수께서 고귀한 자신의 생명으로 우리를 사셨듯이 말이다.

나는 과거 일본에서 신학을 하던 중 갈보리 채플을 만났다. 내 믿음생활 12년을 통틀어 발견한 갈보리 채플은 복음의 보화였다. 그러나 내 생각 속에서는 여전히 십여 년을 섬기던 한국교회에 거하면서 보화의 기쁨을 누리고 싶었다. 내가 사랑하는 이들이 그 세상 속에 있었기 때문이다. 그러나 사람이 만든 교리중심의 교회에 있으면서 온전한 기쁨을 누릴 수는 없었다. 확실한 것을 얻기 위해서는 불확실한 것을 포기해야 하는 믿음의 용기와 결단이 필요했다.

나는 오랫동안 동성애나 인생의 문제로 고통받는 많은 형제자매들의 상담을 받고 있다. 그들은 예수를 믿는 청년들로 나를 통하여 변화를 향한 메시지를 들으며 기뻐하지만, 옛것을 버리고 새 출발을 하기는 꺼려한다. 그들은 자기 교회를 섬기며 한편으로는 갈보리 채플에서 좋은 것을 얻으려 한다. 물론 그들에게 약간의 도움은 있을 것이다. 그러나 보화의 기쁨을 누리지 못할 것이다.

두 번째로 주님은 "또 천국은 마치 좋은 진주를 구하는 장사와 같으니 극히 값진 진주 하나를 만나매 가서 자기의 소유를 다 팔아 그 진주를 샀느니라"(45) 하셨다.

진주는 조개 속에 들어간 작은 돌이 만들어낸 보석이다. 조개껍질 안으로 들어 온 작은 돌의 고통을 참아내며 사랑을 덧입혀 가장 좋은 진주를 만들어 낸 것이다. 마치 예수께서 세상에서 뒹굴던 우리를 가슴에 품고 은혜를 덧입혀 오늘의 나를 만들었던 것처럼 말이다.

만약 당신이 세상을 살다가 복음의 보화를 만나면 당신의 인생을 정리하고 올인 하여도 좋다. 그 보화는 세상 어디에서도 구할 수 없는 것이기 때문이다. 또한 당신이 좋은 진주를 찾는 주인을 알고 있다면 당신은 좋은 진주를 발견하기까지 절대 포기하지 말아야 할 것이다. 하늘에서 당신이 받을 상급이 크기 때문이다.

나의 주 예수님! 당신의 이름을 찬양합니다. 또한 나로 귀한 보화를 만날 수 있게 하셔서 감사드립니다. 이제 나는 어떤 환난 속에서도 보화를 지키며 진주와 같이 인내할 것입니다. 나를 더욱 거룩하게 하소서. 예수 이름으로 기도합니다. 아멘.

[핵심연구]
1. 밭은 무엇의 비유인가?
2. 보화는 무엇의 비유인가?
3. 진주는 무엇을 뜻하는가?
4. 왜 보화와 진주를 얻기 위해 자기 것을 다 팔아야 하는가?

누가 천국의 보물인가?

(마태복음 13:52) 이에 그분께서 그들에게 이르시되, 그러므로 하늘의 왕국에 관하여 가르침을 받은 서기관마다 마치 자기 보고에서 새 것과 옛 것을 내오는 집주인과 같으니라 하시니라.

오늘 말씀은 마태복음 13장 천국 비밀의 결론구이다. 여기서 우리는 천국의 세 가지 보물들을 만나게 되는데 주님은 모두 비유로 말씀하셨다. 사실 지금까지 언급된 천국의 비밀은 모두 그리스도의 교회와 관련된 말씀이다. 우리는 이 말씀 속에서 복음의 일꾼 된 우리가 해야 할 일들을 깨닫게 된다.

예수님은 먼저 "또 하늘의 왕국은 마치 밭에 숨겨진 보물과 같으니라. 사람이 그것을 발견하면 숨겨 두고 그것의 기쁨으로 인해 가서 자기의 모든 소유를 팔아 그 밭을 사느니라"(44.KJV) 말씀하셨다.

예수께서 '마치 밭에 숨겨진 보물과 같다' 하셨으니 이 보화는 발견하기 전에는 아무도 알 수 없다. 다시 말하여 천국의 보물은 열심히 복음의 밭에서 일하는 자만이 발견할 수 있음을 알 수 있다. 그러나 보물이 숨겨진 곳이 자기 밭이 아니라면 문제는 다르다. 남의 밭에서 보물을 발견하였다고 해서 자기 것이 될 수 없기 때문이다.

그러므로 보물을 발견한 사람이 보물을 묻어 두고 돌아가서 자기의 소유를 다 팔아 그 밭을 통째로 산 것이다. 어떻게 보면 이 사람은 윤리적으로 건전한 사람은 아니다. 나중이라도 밭주인이 알면 소송감이다. 따라서 오늘 주께서 말씀하신 보물은 세상의 보물이 아니다. 주께서 말씀하신 보물은 영적인 것이다. 그러므로 오늘 주님은 우리에게 천국을 얻기 위해서 자기의 모든 것을 다 포기할 수 있느냐를 묻고 계신 것이다.

과거 나는 불교 신자로서 승려가 되려고 했었다. 내가 승려가 되려고 한 것은 안 해 본거 없이 열심히 세상을 살았지만 더 이상 내가 살 가치가 없다고 생각했기 때문이다. 다시 말하여 인생 포기이다. 그때 어느 여인이 예수의 이름을 알려 주었다. 그의 이름을 듣는 순간 나는 더 없는 기쁨을 얻었고 아무 의심 없이 인생 전체를 예수에게 걸었다.

두 번째로 주님은 "또 하늘의 왕국은 마치 좋은 진주를 구하는 상인과 같으니라 그가 매우 값진 진주 하나를 발견하매 가서 자기의 모든 소유를 팔아 그 진주를 샀느니라"(45. KJV) 말씀하셨다.

진주는 바다 물에 의미 없이 쓸려 다니던 아주 작은 돌멩이가 진주조개 속에 들어가 오랫동안 조개와 다투고 화합하여 만들어낸 인내의 결정체이다. 마치 고린도교회 젊은이들처럼 버려진 인생을 살다가 바울을 만나 복음의 종이 된 자들과도 같다.

그런데 주님은 천국을 진주에 비유하신 것이 아니라 '좋은 진주를 구하는 상인'에 비유하셨다. 상인은 이익을 목적으로 좋은 상품을 찾는다. 좋은 상품을 비싸게 살 주인을 알고 있기 때문이다. 그러므로 진주를 구하는 장사는 좋은 진주를 찾을 때까지 절대로 포기 하지 않는다. 여기서 주님은 선한 것을 위해 포기하지 않는 제자의 투쟁정신을 말씀하신 것이다.

나는 12년 동안 예수를 믿으면서도 풀리지 않는 인생의 답을 찾기 위하여 신학교를 전전하였다. 그러던 중 동경 호라이즌 채플의 히라노 코오이치 목사를 만났다. 그는 나와 같은 동성애자 출신의 제자를 마다하지 않고 나에게 열심히 성경을 가르쳤다.

히라노 코오이치 목사님은 나를 미국 갈보리 채플 척 스미스 목사에게 소개하였고 나는 아무 조건 없이 갈보리 채플 목사가 되었다. 세상에 굴러다니는 쓸모없는 돌멩이가 그들의 눈에는 진주처럼 보였는가 보다. 그러므로 이 비유는 사람을 겉으로 보지 않는 그리스도의 사랑의 필요성을 말씀하신 것이다.

끝으로 주님은 "또 하늘의 왕국은 마치 바다에 던져 각종 물고기를 모으는 그물과 같으니라 그물이 가득 차매 그들이 그것을 물가로 끌어내고 앉아서 좋은 것은 모아 그릇에 담고 나쁜 것은 버렸느니라"(47,48) 말씀하셨다.

여기서 흥미로운 것은 천국을 '그물'에 비유하신 것이다. 앞에서는 모두 보물을 찾는 사람과 관계가 있었는데 이번에는 고기잡는 도구에 비유하신 것이다. 그물은 물고기를 가리지 않는다. 큰 것이든 작은 것이든 못생긴 것이든 예쁜 놈이든 그물 안으로 들어오는 것은 모두 담아낸다. 그러므로 이 비유는 교회는 특별한 잣대가 없어야 한다는 말씀이다. 외모는 물론 율법적, 교리적 잣대 없이 교회로 들어오는 사람들은 모두 담아야 한다는 말씀이다. 악하고 의로운 것을 가려내는 것은 목사가 할 일이 아니라 세상 끝에 예비하신 추수군들의 몫이기 때문이다.

주님은 이 말씀과 함께 "세상 끝에도 이러하리라. 천사들이 와서 의인들 가운데서 사악한 자들을 갈라내어 불타는 용광로 속에 던져 넣으리니 거기서 통곡하며 이를 갈이 있으리라"(49,50)고 말씀하셨다. 그러므로 이 말씀은 세상 끝에 있을 심판에 관한 메시지이다.

주님은 모든 비유를 말씀하신 후에 "그러므로 천국의 제자된 서기관마다 마치 새것과 옛것을 그 곳간에서 내오는 집주인과 같으니라"(52) 하셨다. 다시 말하여 복음의 제자는 복음의 주인의 입장에서 구약과 신약의 모든 말씀을 고루 가르칠 수 있는 서기관이 되어야 한다는 말씀이다.

오늘 주님은 천국의 제자가 될 당신은 천국을 위해 모든 것을 다 팔 수 있으며, 좋은 진주를 만나기까지 진리를 찾는 일을 멈추지 않을 것이며, 각종 물고기를 담을 넉넉한 그물이 될 수 있는가를 물으신 것이다. 주님 이 땅의 모든 종들이 복음을 깨닫게 하소서. 아멘.

[핵심연구]
1. 보물은 무엇을 말씀하신 것인가?
2. 좋은 진주는 어떻게 만들어지는가?
3. 상인은 왜 좋은 진주를 찾는가?
4. 주님은 우리에게 무엇을 말씀하신 것인가?

왜 의심하는가?

(마태복음 14:30-32) 바람을 보고 무서워 빠져 가는지라 소리질러 가로되 주여 나를 구원하소서 하니 예수께서 즉시 손을 내밀어 저를 붙잡으시며 가라사대 믿음이 적은 자여 왜 의심하였느냐 하시고 배에 함께 오르매 바람이 그치는지라

예수께서 오병이어의 기적으로 큰 무리를 모두 배불리 먹이자 군중들 속에서 이분이 바로 오시기로 하신 메시아라고 믿으며 예수님을 왕으로 삼고자 하는 움직임이 일어났다. 이를 눈치 채신 예수님은 제자들을 재촉하여 서둘러 배를 타고 건너가게 하셨다(요 6:14-15).

예수께서 제자들을 서둘러 배를 타고 건너가게 하신 것은 제자들이 군중심리에 휘말리지 않게 하기 위해서이다. 오병이어에 참여했던 수많은 군중이 일어나 제자들을 부추기면 제자들도 충동을 받아 걷잡을 수 없이 혼란스러워질 것은 자명한 일이기 때문이다.

우리는 수년 전 촛불집회를 통해서 정권 창출이 일어난 것을 목도하였다. 이와 같이 성난 민중들이 어떤 충동을 받으면 아무도 막을 수 없는 사태에 이른다.

이와 같이 헤롯도 군중들의 충동을 거부 못하고 세례 요한의 목을 베었으며, 빌라도 총독도 강도 바라바를 십자가에 내어 주려 애를 썼으나 민란을 두려워하여 예수님을 십자가에 내어 주었다.

이에 예수님은 서둘러 제자들을 배를 타고 호수를 건너게 하신 후, 오병이어에 참여한 무리들을 진정시켜 마을로 보내시고 기도를 하시기 위해 혼자서 산으로 오르셨다.

새벽 3시경이 되자, 제자들이 탄 배가 거센 풍랑을 만나 위태로워졌다. 이에 주께서 바다 위를 걸어서 제자들이 탄 배를 향하셨다. 풍랑과 사투를 하던 제자들은 풍랑을 뚫고 물 위를 걸어오시는 예수님을 보고 유령인줄 알고 두려워 소리를 질렀다. 이에 주님은 제자들을 향하여 "안심하라 내니 두려워 말라" 말씀하셨다.

이때 베드로는 "주여 만일 주시어든 나를 명하사 물 위로 오라 하소서"하고 청하였다. 이런 상황에 이런 기발한 아이디어가 나왔다는 것은 참으로 놀라운 일이다. 물론 베드로의 모험은 충동적이었지만 어쨌던 불가능의 세계를 체험하는 기회를 얻었다. 때때로 우리도 인생 속에서 독특한 상황이 돌출될 때가 있지만 모두가 독특한 체험을 하는 것은 아니다. 베드로와 같이 순간을 포착하는 능력이 필요하다.

우리는 스스로 '나는 오직 주님만을 믿으며 산다'고 자부하고 있다. 그러나 삶 속에서 어떤 문제를 만나면 우리는 곧 주님을 잊어버리고 문제 속으로 빠져들어 가기 일쑤다.

먹고 살아가는 문제도 마찬가지다. 우리는 늘 주께 기도하며 주께 나의 삶 전체를 맡겼다고 말하면서 먹고 살아가는 문제만큼은 자신의 손으로 해결하려고 한다. 이것은 주님께서 할 수 없는 일이니 내가 해야 한다고 생각한다. 이와 같이 우리의 믿음은 스스로 창조자 주님을 한계 속으로 묶어 놓고 자신의 능력으로 살아가려고 한다.

그러나 만약 당신이 주님의 양이라면 당신의 생명과 모든 길은 오직 주께 맡겨야 할 것이다. 그러면 당신이 감당할 수 없는 어떤 상황일지라도 주께서 구원하실 것이다.

오늘의 메시지는 우리의 구원자 예수님을 믿고 또 그의 말씀대로 살아간다 해도 우리는 세상 가운데서 커다란 문제를 만나게 된다는 것을 깨우쳐 준다.

또한 베드로와 같이 강한 믿음을 가진 자라 할지라도 주님을 떠나 주변 상황이나 환경에 휘말리면 세상 속으로 빨려 들어간다는 것을 깨닫게 한다. 그러나 오늘의 메시지의 핵심은 우리가 주의 명령을 따라 행할 때 발생한 문제들은 그것이 어떤 상황일지라도 주께서 친히 해결하신다는 것이다.

사랑하는 주님! 세상은 어제나 오늘이나 우리가 살아 있는 동안 두려운 곳입니다. 모진 풍랑과 바람으로 우리가 가고자 하는 길을 훼방합니다. 그러나 더 무서운 것은 악한 영들의 역사이며 하나님의 사람들까지도 그 영들에게 휘말리는 것입니다. 우리로 악한 영들의 풍랑을 이겨낼 수 있는 큰 믿음을 주시옵소서. 예수 그리스도의 이름으로 기도합니다. 아멘.

[핵심연구]
1. 주님은 제자들에게 왜 바다를 건너라고 재촉하셨는가?
2. 제자들은 주께서 명한대로 배를 탔음에도 풍랑이 덮쳤다.
3. 주께서 바다를 걸어서 오신 것은 무엇을 뜻하는가?
4. 인생의 폭풍은 어떤 때에 불어오는가?

복음의 계시와 믿음의 실체

(마태복음 15:27,28) 여자가 가로되 주여 옳소이다마는 개들도 제 주인의 상에서 떨어지는 부스러기를 먹나이다하니 이에 예수께서 대답하여 가라사대 여자야 네 믿음이 크도다 네 소원대로 되리라 하시니 그 시로부터 그의 딸이 나으니라

이 말씀은 예수님의 일행들이 두로와 시돈 지방으로 들어갔을 때 일어난 일이다. 이 지역들은 지중해 연안의 해상의 도시로서 수리아에 속한 페니키니아인들이 살고 있었다.

예수님과 제자의 일행이 그곳에 이르자 가나안 여인이 나타나 "주 다윗의 자손이여 나를 불쌍히 여겨주세요. 내 딸이 흉악한 귀신 들렸습니다"(22)하고 소리 지르며 따라왔다. 그러나 무슨 영문인지 예수님은 아무런 대꾸도 없이 묵묵히 길을 재촉하셨다.

그 여인이 어찌 소리를 질러대던지 제자들이 더이상 참지 못하고 "이 여자가 우리 뒤에서 소리를 지르니 보내 주세요"(23) 간청하였다. 그러자 주님은 냉담한 목소리로 "나는 이스라엘 집의 잃어버린 양 외에는 다른 데로 보내심을 받지 아니하였다"(24) 말씀하셨다.

오늘 이 말씀은 천국복음의 우선순위를 말씀하신 것이다. 이미 열두 제자에게 귀신을 쫓아내며 병을 고치는 권세를 주시면서 제일 먼저 하신 말씀이기도 하다(마 10:5,6).

또한 이 말씀은 후일 부활하신 예수께서 제자들에게 "성령이 너희에게 임하시면 예루살렘과 유다와 사마리아와 땅 끝에 이르러 내 증인이 되리라"(행 1:8) 하신 말씀과도 일맥상통한다. 이스라엘 백성은 하나님의 먼저 택하신 자녀로서 하나님의 말씀과 언약과 약속이 주어졌기 때문이다.

여인의 외침에 예수님은 "자녀의 떡을 취하여 개들에게 던짐이 마땅치 않다"(26) 하셨다. 아무리 구세주라고 해도 이 말은 모욕적인 말이 아닐 수 없다. 만약 오늘날 어떤 성도들이 이런 말을 들었다면 예수고 구원이고 다 집어치우고 욕을 하면서 뛰쳐 나갔을 것이다.

그럼에도 이 여인은 "주여 옳습니다마는 개들도 제 주인의 상에서 떨어지는 부스러기를 먹습니다"(27) 답하였다. 당돌한 답변 같지만, 예수님은 "여자야 네 믿음이 크도다 네 소원대로 되리라"(28) 대답하셨다. 무엇이 이 여인의 큰 믿음이었을까?

사실 주님은 자기 앞에 나온 사람들은 유대인이든 이방인이든 모두 고쳐 주셨다. 그런데 주님은 이 여인과는 특별한 대화를 나누셨다. 그 이유는 이 여인이 따라오며 "주 다윗의 자손이여 나를 불쌍히 여기소서 내 딸이 흉악히 귀신 들렸습니다"(22) 소리쳤기 때문이다.

사실 '주 다윗의 자손'이란 말은 성경의 계시로서 택하신 백성 이스라엘에게 주신 언약으로 이 계시는 이스라엘 백성이 아니면 알 수 없는 메시아 언약이다. 그런데 이 여인이 과감히 예수 앞에 나아와 "주 다윗의 자손"이라 칭한 것이다.

그러므로 예수님은 이 여인이 이 말의 뜻을 알고 있는가 알아보기 위해 "자녀의 떡을 취하여 개들에게 던짐이 마땅치 않다"고 말씀하신 것인데 이 여인은 굽히지 않고 "주여 옳습니다마는 개들도 제 주인의 상에서 떨어지는 부스러기를 먹습니다"(27)라고 답한 것이다.

유대인들은 식탁에서 손으로 빵을 쪼개어 돌려가며 소스를 찍어 먹는다. 그러면 자연히 식탁 위에 빵 부스러기가 떨어지고 나중에 그들은 빵 부스러기를 모아 손을 닦아 식탁 아래의 강아지에게 던져준다. 강아지는 당연히 주인이 자기에게 먹을 것을 줄 것을 믿는다.

그러므로 이 여인은 이스라엘 백성처럼 하나님의 언약의 말씀을 직접 받지는 않았지만 이스라엘 사람들 곁에 살면서 전해 들은 부스러기 복음으로 예수께서 '다윗의 자손'이신 것을 믿은 것이다.

이에 주님은 "여자야 네 믿음이 크도다 네 소원대로 되리라"(마 15:28) 축복하신 것이다. 그러므로 완성된 계시를 모두 알아야만 구원받는 것은 아니다. 우리 앞에 복음이 펼쳐질 때 그냥 예수 그리스도를 나의 구세주로 믿으면 되는 것이다. 아멘.

[핵심연구]
1. "이스라엘 집의 잃어버린 양 외에는 다른 데로 보내심을 받지 아니하였다" 하신 말씀은 무슨 뜻인가?
2. 예수께서 이방인 여인에게 "네 믿음이 크다"하신 이유는 무엇인가?

왜 깨닫지 못하는가?

(마태복음 16:11) 어찌 내가 말한 것이 떡에 관한 것임이 아닌 줄을 깨닫지 못하느냐 오직 바리새인과 사두개인의 누룩을 주의하라 하시니

예수님은 천국의 비밀을 말씀하실 때 씨 뿌리는 비유에서 "천국은 마치 여자가 가루 서 말 속에 갖다 넣어 전부 부풀게 한 누룩과 같으니라"(마 13:33) 말씀하셨다. 이것은 천국이 누룩 같다고 하신 말씀이 아니라 비정상적인 성장을 도모한 교회의 속성을 말씀하신 것이다.

그러나 오늘의 누룩에 관한 말씀은 교회를 더럽게 하는 누룩의 실체를 설명하신 것이다. 다시 말하여 교회를 잘못된 길로 인도하는 누룩은 바로 의식주의와 종교행위에 있음을 지적하신 것이다.

바리새인들의 누룩을 살펴보건대 그들은 안식일에 대한 올바른 개념을 깨우치지 못하여, 예수님을 향하여 '당신은 왜 안식일에 하지 못하는 일을 하느냐?', '당신들은 왜 식사 때에 손을 씻지 않느냐'하며 장로들의 전통을 지키지 않는 것을 비판했다(마 15:2).

그들은 성경에 기록된 하나님의 말씀을 듣고 행하는 것 보다 자신들이 만든 정결의식이나 안식일 의식을 더 중요시했던 것이다(마 22:23-32). 그러나 그들은 자신들이 중요시한 율법적 의식들이 하나님의 백성들의 마음을 더럽게 한다는 것을 깨닫지 못한 것이다.

그러면 사두개인의 누룩은 무엇인가? 종교적 권위와 세속화에 빠져 성경의 신적 계시들을 염두에 두지 않는 것이다. 그러므로 예수님은 성경에 기록된 천사나 부활을 믿지 않는 그들을 향하여 "너희가 성경도 하나님의 능력도 알지 못하므로 오해함이 아니냐"(막 12:24) 책망하셨다.

오늘 예수께서 제시한 누룩 논쟁은 제자들을 향한 것이다. 제자들도 주께서 말씀하신 누룩에 대하여 충분히 이해하지 못하고 있었기 때문이다. 오히려 그들은 떡을 가지고 오지 않았기 때문에 주께서 이런 말씀을 하신 것이라 생각하고 있었다(7).

제자들이 예수님의 말씀에 대하여 오해를 하게 된 것은 그들의 믿음이 하나님의 말씀을 바탕으로 된 것이 아니라 오랫동안 종교적 속성과 물질중심에 두고 있었기 때문이다.

그러므로 주님은 "믿음이 적은 자들아 어찌 떡이 없음으로 서로 의논하느냐"하시며 "너희가 아직도 깨닫지 못하느냐 떡 다섯 개로 오천 명을 먹이고 주운 것이 몇 바구니며 떡 일곱 개로 사천 명을 먹이고 주운 것이 몇 광주리이던 것을 기억지 못하느냐"(8-10) 반문하시며, "어찌 내 말한 것이 떡에 관함이 아닌 줄을 깨닫지 못하느냐 오직 바리새인과 사두개인들의 누룩을 주의하라"(11)고 깨우치셨다.

오늘날 우리는 믿음, 기도, 봉사와 같은 단답형의 신앙에 많은 관심을 갖고 있다. 그러나 성경은 우리에게 단답형의 답변을 요구하지 않는다. 주님은 우리에게 천국 시험 문제를 내어 준 것이 아니다. 주님은 우리에게 영생을 말씀하셨고 그것은 유일하신 참 하나님과 그의 보내신 자 그리스도를 아는 것이라 정의하셨다(요 7:3). 그럼에도 우리는 거대한 숲을 보지 못하고 나무만 보려고 한다. 이는 우리의 믿음이 말씀에 대한 이해보다 어떤 특별한 영적 기적에 관심을 두고 있기 때문이다.

요한은 "태초에 말씀이 계시니라 이 말씀이 하나님과 함께 계셨으니 이 말씀은 곧 하나님이시니라"(요 1:1) 증거하였고, 다시 "말씀이 육신이 되어 우리 가운데 거하시니 은혜와 진리가 충만하다"(요 1:14) 증거하였다.

이 말씀은 오늘 우리에게 너희가 그리스도와 무엇으로 또 어떻게 소통하고 있느냐를 묻는 것이다. 그럼에도 오늘날 우리의 믿음생활이 율법적 교리와 종교행위 속에 있는 것은 아닌지 다시 생각해 보아야 할 것이다.

사랑하는 하나님! 우리로 성경말씀 속에서 살아계신 하나님을 만나게 하여 주십시오. 또한 주께서 하신 모든 말씀이 우리의 삶이 되게 하소서. 예수 그리스도 이름으로 기도합니다. 아멘.

[핵심연구]
1. 바리새인과 사두개인의 누룩은 무엇인가?
2. 사람들은 왜 성경을 깨닫지 못하는가?
3. 성경은 우리에게 무엇을 요구하는가?

두 부류의 교회

(마태복음 17:17) 예수께서 대답하여 가라사대 믿음이 없고 패역한 세대여 내가 얼마나 너희와 함께 있으며 얼마나 너희를 참으리요 그를 이리로 데려 오라 하시니라

예수님은 장차, 교회시대에서 나타날 두 가지 현상을 지적하셨다. 하나는 '악하고 음란한 세대'(마 16:4)이며 또 하나는 '믿음이 없는 세대'(마 17:17)이다. 여기서 '세대'(Generation)란 문자적으로 이 세상에 펼쳐지는 시대적 주기를 뜻하지만 여기서는 예수 그리스도의 복음이 도래한 이래 그리스도의 날까지의 교회시대를 지칭한 것이라 보아야 할 것이다.

먼저 예수님은 "악하고 음란한 세대가 표적을 구하나 요나의 표적 밖에는 보여 줄 표적이 없느니라"고 말씀하셨다. 이 말씀은 메시아의 표적을 구하는 유대인의 일탈된 신앙의 행위 곧 하나님의 택한 백성으로 거룩함과 의를 상실한 체 종교적으로 타락한 상황을 말씀하신 것이다. 그러므로 주님은 제자들에게 이미 바리새인과 헤롯의 누룩을 조심하라 명하신 바 있다.

사실 오늘날 우리 그리스도인들에게 있어 큰 문제 중 하나는 하나님을 믿는 많은 사람들이 이 땅에 필연적으로 펼쳐질 그리스도의 왕국에 대해 부정적인 생각을 하고 있는 것이다. 이러한 비성경적 사고는 천국은 죽어서 가는 사후세계, 즉 현존세계와는 별개인 육체의 죽

음 이후에 올 영적 세계일뿐이라는 비성경적인 신앙관을 갖고 있기 때문이다. 그러나 만약 우리 믿음의 결국인 천국이 죽음 이후에 오는 사후세계뿐이라고만 한다면 기독교 또한 다른 종교와 다를 것이 없을 것이다.

또한 하나님을 믿는 우리라도 만약 자신이 행한 불의한 행실들에 의해 하나님 나라를 상속받지 못한다는 것을 깨닫는다면 당신은 속히 음란한 세대의 잘못된 신앙관을 성찰해야 할 것이다.

또한 예수님은 마태복음 17장에서 장차 이 땅에 펼쳐질 교회의 상황을 가리켜 "믿음이 없고 패역한 세대여 내가 얼마나 너희와 함께 있으며 얼마나 너희를 참으리요"(17) 책망하셨다.

마가는 이 상황에 대하여 예수께서 "너희가 무엇을 저희와 변론하느냐?"(막9:16) 질책하신 것을 기록하였다. 여기서 변론이란 상대의 허물을 찾아내기 위한 논쟁을 뜻한다. 아홉 명의 제자들은 어린 아이의 귀신들린 것을 치유하는 것보다 서기관들과 교리적인 논쟁에 관심을 갖고 있었던 것이다.

오늘 이 말씀의 배경은 예수께서 세 제자 곧 베드로 야고보와 요한과 함께 변화산상에서 내려와 산 아래 남아 있던 아홉 명의 제자들과 만났을 때의 상황이다.

열두 제자 중 세 명은 예수님과 함께 이 땅에서 펼쳐진 천국을 보았고, 산 아래 남아있던 아홉 제자들은 서기관들과 신학논쟁을 하고 있었다. 어쩌면 오늘날 두 부류의 교회의 모습이 아닐까 싶다.

이때 예수님은 귀신을 쫓지 못한 원인을 묻는 제자들에게 "너희가 만일 믿음이 한 겨자씨만큼만 있으면 이 산을 명하여 여기서 저기로 옮기라 하여도 옮길 것이요 또 못할 것이 없으리라"(20) 말씀하셨다. 다시 말하여 제자들의 믿음이 인생의 실제적인 삶에 얽힌 영적 능력에 있느냐 아니면 제도적이고 종교의식에 매여 있느냐를 언급하신 것이다.

계속하여 주님은 "이런 종류는 기도와 금식에 의하지 않고는 나가지 않느니라"(21) 말씀하셨다. 다시 말하여 귀신을 쫓기 위한 영적 능력을 얻기 위해서는 금식이 필요하다는 말씀이다.

우리가 세상 가운데 살면서 육체적인 일에 빠져 있어서 영적상황을 감지하지 못할 때가 있다. 그러나 금식을 하면 우리의 생각과 마음이 맑아지고 우리 안에 영이 긴밀하게 느껴지게 된다. 그러므로 주님은 우리 믿음이 영적 지배 속에 있어야 할 것을 말씀하신 것이다.

사랑하는 주님! 종교적 현실 속에 매여 있는 우리 교회의 속성을 책망하소서. 오직 예수 그리스도의 이름으로 하늘의 권능이 나타나게 하소서. 그리하여 이 땅에 역사하는 더러운 영들을 쫓아내게 하소서. 예수 그리스도의 이름으로 기도합니다. 아멘.

[핵심연구]
1. 주님은 장차 어떤 시대가 올 것을 계시하셨는가?
2. 악하고 음란한 세대의 원인은 무엇인가?
3. 믿음이 없고 패역한 세대의 원인은 무엇인가?

하나님의 뜻

(마태복음 18:14) 이와 같이 이 소자 중에 하나라도 잃어지는 것은 하늘에 계신 너희 아버지의 뜻이 아니니라

예수께서 말씀하신 소자란 천국 자녀로서 아직 배울 것이 많은 미숙한 자녀들을 뜻한다. 설혹 그가 세상에서 지위와 학문을 갖고 있다고 할지라도 하나님의 나라에서 그는 어린아이인 것이다. 그러므로 성경을 주시고 진리의 말씀으로 자녀들을 가르치게 하신 것이다.

또한 주님은 제자들에게 "누구든지 내 이름으로 이런 소자를 영접하면 나를 영접하는 것이요 그러나 소자를 실족케 하는 자는 그 목에 연자 맷돌을 걸고 깊은 바다에 빠지는 것이 더 낫다"(5,6)고 엄히 말씀하시며 어쩔 수 없이 실족케 하였을지라도 실족케 한 사람은 화를 면하지 못할 것이라 하셨다.

여기서 실족이란 짐승을 잡을 때 쳐놓은 덫을 뜻한다. 그러므로 주께서 제자들에게 천국 복음의 그물을 주셨는데 그것이 사람들의 영혼을 망하게 하는 덫이 되어서는 안 된다는 말씀이다.

다시 말하여 하나님은 천국 백성이 될 우리에게 성경 전체를 주셨는데 어느 목사가 자기 입맛에 맞추어 성경을 부분적으로 가르치든가, 진리를 왜곡시켜 가르쳤다면 그의 말을 들은 하나님의 자녀들은 모두 실족할 것이다.

다음 단계에서 주님은 "네 손과 발이 너를 범죄케 했다면 찍어 내버리라 네 눈이 너를 범죄케 했다면 빼어 내어버리라"(8,9) 말씀하셨다. 이는 천국 백성 된 소자들의 세속적인 악습관들을 모두 잘라버려야 한다는 것이다. 다시 말하여 죄 된 생활 습관을 용납하지 말라는 말씀이다.

나는 과거 서른 살에 예수를 영접하고 하나님의 자녀가 되었다. 그 당시 내가 예수를 믿었다는 것은 거룩함을 향한 위대한 모험이었다. 그러나 나의 생활은 변화된 것이 하나도 없었다. 신앙이 깊어 갈수록 나는 종교인이 되어 가고 있었다. 내게 있어 성경은 그냥 폼이었다.

계속해서 주님은 제자들에게 천국 자녀 된 소자들을 비유하여 "만일 어떤 사람이 양 일백 마리가 있는데 그중의 하나가 길을 잃었으면 그 아흔아홉 마리를 산에 두고 가서 길 잃은 양을 찾지 아니하겠느냐 진실로 이르노니 만일 찾으면 길을 잃지 아니한 아흔아홉 마리보다 이것을 더 기뻐하리라"(12,13) 말씀하셨다.

세대주의자들은 "잃어버린 양"은 이스라엘이라고 주장한다. 구약적인 관점만으로 역설하고자 할 때 그들의 주장도 틀린 것만은 아니지만 복음은 이 땅의 모든 사람들에게 주신 것이므로 이 말씀은 선한 목자를 만나지 못하여 잘못된 길로 나아간 깨닫지 못한 소자들로 해석하는 것이 맞다.

또한 양 일백 마리 중에 한 마리는 아주 작은 것이다. 하나 잃어버린다고 해도 큰 문제 될 것은 없다. 그러나 하나님께는 양 일백 마리 전체가 하나인 것이다. 양 일백 마리 모두가 하나님의 것이기 때문에

한 마리라도 잃어버릴 수 없는 것이다. 두 아들 중에 하나가 탕자라도 버릴 수 없듯이 말이다.

그러므로 예수께서 "이와 같이 이 소자 중에 하나라도 잃어지는 것은 하늘에 계신 너희 아버지의 뜻이 아니니라"(14)하신 것은 하나님의 자녀들은 모두 온전케 보전되어야 한다는 뜻이다. 그들은 모두가 처음부터 하나님의 양이기 때문이다. 흥미롭게도 우리 성경의 '잃어지는 것'을 킹제임스 성경은 '망하는 것'으로 번역하였다.

그러므로 오늘 말씀은 성경을 부분적으로 가르치거나 임의로 더하여 가르치면 하나님의 자녀들이 실족하여 망하게 된다는 뜻이며 그것에 대한 책임을 반드시 연자맷돌로 묻겠다는 엄중한 말씀이다.

사랑하는 나의 하나님! 주의 은혜로 죄에서 구원받은 많은 청년들이 오랜 죄의 습관을 끊어내지 못하고 전전긍긍하고 있습니다. 이것은 어린 자에게 성경을 온전히 가르치지 못한 교회의 잘못입니다. 우리로 진리를 깨닫게 하소서. 예수님 이름으로 기도합니다. 아멘.

[핵심연구]
1. 소자란 누구인가?
2. 범죄한 손과 발을 끊어내라는 말씀은 무슨 뜻인가?
3. 목자는 왜 한 마리의 양을 찾아 나서야 하는가?
4. 구원받은 자를 향한 하나님의 진정한 뜻은 무엇인가?
5. 형제가 죄를 범할 때 취해야 하는 3가지 방법을 묵상하라.

천국의 우선순위

(마태복음 19:28) 예수께서 가라사대 내가 진실로 너희에게 이르노니 세상이 새롭게 되어 인자가 자기 영광의 보좌에 앉을 때에 나를 좇는 너희도 열두 보좌에 앉아 이스라엘 열두지파를 심판하리라

오늘 우리는 천국을 소망하는 하나님 백성들의 근본적으로 잘못된 생활관에 대한 문제를 다루게 된다. 사람들에게 무엇을 원하느냐 물으면 모두 행복한 결혼생활과 평안한 인생을 위한 넉넉한 재물을 원할 것이다. 이것은 믿는 사람들도 마찬가지이다. 다만 그리스도인과 세상 사람들이 다른 것이 있다면 하나님의 뜻 가운데서 영생에 들어가기를 소망하는 것이다.

그러나 우리가 소망하는 천국의 영생은 현세의 생활과 따로 떨어져 있는 것이 아니라 동일 선상에 놓인 것임을 인식해야 한다. 믿는 사람들조차 내세의 영생은 현실생활과 전혀 관계없는 믿음에 속한 것일 뿐이라고 생각하기 때문이다. 그로 하여 사람들은 교회와 관련된 생활은 중요시하고 현실의 생활방법은 등한시하고 있다.

주님은 우리 믿음생활 속에 나타나는 첫번째 이슈에 대하여 먼저 결혼관을 언급하시며 "사람을 지으신 이가 본래 저희를 남자와 여자로 만드시고 말씀하시기를 이러므로 사람이 그 부모를 떠나서 아내에게 합하여 그 둘이 한 몸이 될지니라하신 것을 읽지 못하였느냐 이러한즉 이제 둘이 아니요 한 몸이니 그러므로 하나님이 짝지어 주신 것

을 사람이 나누지 못할지니라"(4-6) 하셨다. 오늘날과 같이 조금만 맞지 않아도 이혼을 하는 풍토 속에서 간음 외에는 이혼할 수 없다는 성경적 기준은 매우 편협한 것 같기도 하다.

그러므로 이 말을 들은 제자들까지도 '만일 그렇게할 것이라면 차라리 장가들지 않는 것이 좋겠습니다'라고 말하였다. 이에 대하여 주님은 "어미의 태로부터 된 고자도 있고 사람이 만든 고자도 있고 천국을 위하여 스스로 된 고자도 있다 이 말을 받을만한 자는 받으라"(마 19:12) 말씀하셨다. 이 말씀은 이 땅의 모든 사람들은 결혼을 해야 한다는 것을 전제로 하신 말씀이다.

두 번째 이슈는 어린아이들의 예배이다. 주님은 "천국은 이런 자들의 것이라" 말씀하셨다. 오늘날 어린아이들의 예배에 대하여 경시하는 풍조가 있는데 어쩌면 아이들의 예배가 더 순수하고 영적이지 않을까 싶다. 그러므로 이 말씀은 하나님을 믿는 믿음이 얼마나 순결하고 영적인 것이냐를 말씀하신 것이다.

세 번째 이슈는 재물관이다. 주님 앞에 나온 부자 청년은 율법을 지키며 선한 일을 많이 하였는데 영생에 들어갈 확신이 없었다. 이에 주님은 그에게 네게 부족한 것이 있으니 가진 것을 팔아 구제에 쓰고 너는 나를 따르라 하셨다. 이 말씀의 핵심은 '나를 따르라'이다. 주님은 그가 온전히 진리를 따를 수 없는 이유로 재물을 말씀하신 것이다. 그러나 청년은 재물이 많은 연고로 근심하며 돌아가고 말았다.

그러므로 주님은 "부자가 천국에 들어가는 것은 낙타가 바늘귀로 들어가는 것보다 어렵다" 말씀하셨다. 이는 재물로 구원을 이루지 못한다는 말씀이다. 이에 제자들이 "그러면 누가 구원을 얻으리요" 탄식하자 주님은 "사람으로는 불가능하나 하나님에게는 모든 것이 가능하다" 말씀하셨다.

주께서 언급하신 네 번째 이슈는 목회자의 사명이다. 주님은 "또 내 이름을 위하여 집이나 형제나 자매나 부모나 자식이나 전토를 버린 자마다 여러 배를 받고 또 영생을 상속하리라"(29) 말씀하셨다.

이는 복음 사역에 부름받은 자들이 자신의 삶의 목표를 어디에 두고 있느냐를 말씀하신 것이다. 또한 여기서 여러 배로 받는다는 말은 재물에 속한 것이 아니라 장차 주님이 오실 때에 받을 영생의 복을 말씀하신 것이다. 그러나 예수님은 이 말씀을 하시면서 "먼저 된 자로서 나중 되고 나중 된 자로서 먼저 될 자가 많으니라"(30)는 단서를 다셨다. 이것은 제자의 상급은 우선순위가 정해진 것이 아니라 부르심에 합당한 헌신과 사역의 순수함에 있음을 말씀하신 것이다.

사랑하는 나의 주님! 우리를 세상 끝 날에 불러 주심을 감사합니다. 성경에 기록하신 경륜의 말씀으로 우리를 깨우치시고 또 우리 앞에 세우신 종들의 믿음을 경계로 삼아서 자신을 쳐 복종케 하심에 감사 드리며 예수 그리스도 이름으로 기도합니다. 아멘.

[핵심연구]
1. 세상이 새롭게 될 때는 언제인가?
2. 그리스도인의 결혼관은 무엇인가?
3. 그리스도인의 재물관은 무엇인가?
4. 목회자의 삶의 목표는 무엇인가?

당신은 무엇을 바라는가?

(마태복음 20:33) 가라사대 너희에게 무엇을 하여주기를 원하느냐 가로되 주여 우리 눈 뜨기를 원하나이다

오늘 주께서 말씀하신 포도원의 비유는 주께서 19장 마지막 단락에서 "그러나 먼저 된 자로서 나중 되고 나중 된 자로서 먼저 될 자가 많으니라"(마 19:30) 하신 말씀과 19장 16절 이후의 부자 청년에 대한 실화와도 일맥상통한다. 또한 포도원의 비유는 17절 이후의 제자들의 사건과 29절 이후 바디메오의 사건에서 그 의미가 명확해 진다.

먼저 예수님은 비유로서, 포도원 주인이 품삯을 셈할 때, 새벽부터 하루 종일 일한 사람이나 오후에 들어온 사람이나 저녁 무렵에 들어온 사람이나 동일한 품삯을 나누어 주자, 먼저 온 사람들의 불평을 예화로 삼으셨다.

이에 포도원 주인은 "네 것이나 가지고 가라 나중 온 이 사람에게 너와 같이 주는 것이 내 뜻이니라 내 것을 가지고 내 뜻대로 할 것이 아니냐 내가 선하므로 네가 악하게 보느냐"(마 20:14,15) 책망하였다. 오늘날 같으면 차별성 논란으로 소송을 당할 일이다.

그러나 중요한 것은 이후에 펼쳐지는 사건들이다. 주께서 비유하신 말씀이 눈앞에서 그대로 펼쳐지고 있었기 때문이다. 그 당시 예수님

은 제자들과 함께 예루살렘으로 올라가고 계셨는데 노중에서 예수님은 제자들에게 "보라 우리가 예루살렘으로 올라가노니 인자가 대제사장들과 서기관들에게 넘겨지매 그들이 죽이기로 결의하고 이방인들에게 넘겨 주어 그를 조롱하며 채찍질하며 십자가에 못 박게 할 것이나 제삼일에 살아나리라"(마 20:18,19) 말씀하셨다. 다시 말하여 메시아 교육을 하신 것이다.

그런데 그때에 야고보와 요한과 그의 어머니가 예수께 나아와 '주의 나라에서 하나는 주의 우편에 하나는 주의 좌편에 앉게 해 달라' 청하였다. 이것으로 보아 이들은 메시아의 왕국이 이 땅에 세워질 것에 대해 확신했던 것 같다. 또한 이들의 청에 대하여 열 명의 다른 제자들이 분히 여겼다는 기록을 보아 그들도 똑같은 생각을 했던 것 같다.

이일은 예수께서 가장 높은 예루살렘에 올라가시는 중 여리고를 향하고 있을 때 일어난 일이다. 흥미롭게도 예루살렘은 해발 760미터로 가장 높은 지대였고 여리고는 지중해보다 250미터 낮은 지대이므로 예루살렘과 여리고는 1000미터의 지형적 고차가 있었다.

예수님 일행이 여리고에 이르자, 예수께서 지나가신다는 말을 들은 길가의 거지 소경 바디메오가 소리 질러 "주여 우리를 불쌍히 여기소서 다윗의 자손이여"(30)하고 외쳤다. 여기서 '다윗의 자손'이란 오직 하나님의 아들 메시아를 칭하는 성경적 계시다.

장차 예수 그리스도의 교회를 이끌고 갈 제자들은 천국 자리다툼에 열중하고 있었는데 비하여 여리고의 거지 바디메오는 나사렛 예수께서 '다윗의 자손'임을 알고 소리쳤던 것이다. 참으로 제자들과 거지 바디메오의 믿음은 예루살렘과 여리고의 지형적인 고차만큼이나 아이러니하다.

이에 예수님은 바디메오에게 "너희에게 무엇을 하여 주기를 원하느냐"(32) 물으셨다. 소경에게 무엇을 하여주기를 원하느냐 물으심이 오히려 의외이지만 바디메오는 주저없이 "주여 우리의 눈 뜨기를 원합니다"(33) 답하였다.

이 일에 대하여 마가는 "예수께서 가라 네 믿음이 너를 구원하였느니라 하니 저가 곧 보게 되어 예수를 길에서 좇았느니라"(막 10:52) 기록하였다. 그가 '예수를 길에서 좇았다'는 기록으로 보아 그는 제자의 길에 합류하였음이 틀림없다.

예수님께 영생을 구하면서도 재물로 인하여 돌아선 부자 청년과 영광의 자리만을 탐하는 제자들을 생각할 때 거지 소경 바디메오는 복음의 제자가 되는 최고의 영광된 길을 꿈꾸고 있었던 것이다.

오늘날 모든 성도들은 주께 무엇을 달라고 기도하고 있다. 어떤 사람은 돈을, 또 어떤 사람은 좋은 직장을, 어떤 사람은 좋은 아내를 달라고 기도할 것이다. 그러나 종말의 날을 사는 우리는 하나님의 아들 예수 그리스도를 보게 해 달라고 기도해야할 것이다. 아멘.

[핵심연구]
1. 야고보와 요한이 주께 구한 것은 무엇인가?
2. 바디메오가 예수께 구한 것은 무엇인가?
3. 당신은 주께 무엇을 구할 것인가?

깨어질 것이냐? 깨뜨려질 것이냐?

(마태복음 21:44-46) 이 돌 위에 떨어지는 자는 깨어지겠고 이 돌이 사람 위에 떨어지면 저를 가루로 만들어 흩으리라 하시니 대제사장들과 바리새인들이 예수의 비유를 듣고 자기들을 가리켜 말씀하심인 줄 알고 잡고자 하나 무리를 무서워하니 이는 저희가 예수를 선지자로 앎이었더라

성경은 모두 하나님의 아들 예수 그리스도의 복음의 성취를 위한 하나님의 계시이다. 그러므로 오늘 우리는 성경의 말씀에 대한 올바른 각성이 필요하다.

말씀이 있음으로부터 예수 그리스도께서 오심과 주께서 이 땅에서 행하실 일들 그리고 예수께서 승천하신 후에 이 땅에서 일어날 일들과 또한 그리스도의 다시 오심과 함께 펼쳐지는 그리스도의 왕국과 장차 하늘로부터 내려오는 새 예루살렘에 이르기까지 이 모든 하나님의 계획들이 성경에 기록되어 있다.

오늘 우리는 마태복음 21장 말씀을 통해 예수 그리스도를 향한 성경의 모든 말씀이 어떻게 성취되었으며, 또 당시 예수님의 입에서 나온 말씀들이 현실 속에서 성취된 사실들을 보면서 이제 우리가 성경을 어떻게 대할 것인가 하는 믿음의 태도와 삶의 방법을 선택해야 할 것이다.

또한 우리가 성경을 읽으며 믿음의 합의를 이루기 위해서는 비유의 해석과 적용에 대한 이해가 절대적이다. 이는 성경계시에 대해 곡해를 하지 않기 위함이다. 곡해는 어떤 내용을 조급하게 주관적으로 생각하고 결론을 내리는 것이다. 이로써 이단이 나오고 실족하게 된다.

– 성경에는 돌과 관계된 많은 예언들이 기록되어 있다;

다니엘은 느부갓네살의 꿈을 풀이하여 "또 왕이 보신즉 사람의 손으로 하지 아니하고 뜨인 돌이 신상의 철과 진흙의 발을 쳐서 부서뜨리매 때에 철과 진흙과 놋과 은과 금이 다 부서져 여름 타작마당의 겨같이 되어 바람에 불려 간 곳이 없었고 우상을 친 돌은 태산을 이루어 온 세계에 가득하였나이다"(단 2:34,35) 해석하였다. 여기서 뜨인 돌은 장차 사탄의 왕국을 멸하고 이 땅에 오실 그리스도를 뜻한 것이다.

또한 베드로는 "보라 내가 택한 보배롭고 요긴한 모퉁이 돌을 시온에 두노니 저를 믿는 자는 부끄러움을 당치 아니하리라 하였으며 또한 부딪히는 돌과 거치는 반석이 되었다 하니라"(벧전 2:6,8) 증거하였다. 이러한 비유들은 모두 그리스도인들만이 알 수 있는 독특한 성경의 계시이다.

오늘 주님은 우리에게 "내가 너희에게 이르노니 하나님의 나라를 너희는 빼앗기고 그 나라의 열매 맺는 백성이 받으리라"(43) 하시며 다시 "이 돌 위에 떨어지는 자는 깨어지겠고 이 돌이 사람 위에 떨어지면 저를 가루로 만들어 흩으리라"(44) 말씀하셨다.

주님은 지금 공이 당신에게 넘어갔으니 네가 결정할 일만 남았다고 말씀하신 것이다. 다시 말하여 주께서 미리 말씀하신 성경이 너희에게 있으니 너희가 그 말씀을 듣고 순종하면 열매 맺는 백성이 될 것이며 그렇지 않으면 하나님의 나라를 빼앗길 것이라는 말씀이다.

이제 당신은 어떻게 할 것인가? 아직도 당신 스스로 세상의 주도권을 가질 것인가? 그렇다면 돌이 당신의 머리에 떨어지는 날, 당신은 가루가 되어 그 흔적도 없이 사라지고 말 것이다. 그러나 오직 하나님의 아들 예수 그리스도의 은혜 속에 살기를 작정한다면 스스로 진리의 말씀 앞에 깨어져야 할 것이다.

그러므로 바울은 "우리가 다 같은 신령한 음료를 마셨으니 이는 저희를 따르는 신령한 반석으로부터 마셨으매 그 반석은 곧 그리스도시라"(고전 10:4) 증거하였다.

사랑하는 주님, 우리로 오묘하신 주님의 말씀을 깨닫게 하심을 감사드립니다. 하나님의 말씀은 심히 깊고 높고 광대하여 감히 감당할 수도 없사옵니다. 그러나 우리가 성경을 읽을 때에 우리의 눈을 밝혀 하나님의 은혜와 사랑을 만나게 하시니 주님 우리로 더욱 감사와 찬양이 넘치게 하소서. 예수님 이름으로 기도합니다. 아멘.

[핵심연구]
1. 주님은 본문에서 무엇을 말씀하신 것인가?
2. 성경 말씀에 대해 우리가 가져야 할 태도는 무엇인가?
3. 반석과 그리스도의 관계를 비유한 성경 말씀을 찾아보라.

청함을 받은 자, 택함을 받은 자

(마태복음 22:14) 청함을 받은 자는 많되 택함을 입은 자는 적으니라

예수님은 '천국은 마치 아들의 혼인잔치를 베푼 어떤 임금'의 비유로 예수 그리스도 왕국의 혼인잔치에 대하여 다음과 같이 말씀하셨다.

"그 종들을 보내어 그 청한 사람들을 혼인 잔치에 오라 하였더니 오기를 싫어하거늘 다시 다른 종을 보내며 가로되 청한 사람에게 이르기를 내가 오찬을 준비하되 나의 소와 살진 짐승을 잡고 모든 것을 갖추었으니 혼인 잔치에 오소서 하라 하였더니 저희가 돌아보지도 않고 하나는 자기 밭으로 하나는 자기 상업차로 가고 그 남은 자들은 종들을 잡아 능욕하고 죽이니 임금이 노하여 군대를 보내어 그 살인한 자들을 진멸하고 그 동네를 불사르고 청한 사람들은 합당치 아니하니"(마 22:3-7)

여기서 우리는 혼인잔치에 먼저 초대받은 사람들이 누구일까 생각해 볼 필요가 있다. 그들은 하나님으로부터 제사장직과 서기관, 율법사, 장로와 같은 직분을 받은 자들로서 하나님의 택한 백성들의 이스라엘의 지도자들이다. 그런데 이들은 하나같이 하나님의 아들의 혼인잔치를 거부하였다.

결국 임금의 초대를 거절하고 종들을 죽인 그들은 주께서 미리 말씀하신 바와 같이 로마의 티토 장군이 이끄는 군대에 의해 진멸을 당하고 유대인의 도성 예루살렘은 불살라지고 말았다. 그러므로 여기서 예수님은 이스라엘에게 임박한 진노의 날을 말씀하신 것이다.

두 번째 초청에 대하여 주님은 다음과 같이 말씀하셨다;

"종들에게 이르되 혼인 잔치는 예비되었으나 청한 사람들은 합당치 아니하니 사거리 길에 가서 사람을 만나는 대로 혼인잔치에 청하여 오라 하니 이에 종들이 길에 나가 악한 자나 선한 자나 만나는 대로 모두 데려오니 혼인 자리에 손이 가득하였다"(8-10)

흥미로운 것은 사거리 길에서 악한 자나 선한 자나 만나는 대로 데리고 왔다는 것이다. 그러므로 이들은 원래 천국의 초청 대상은 아니었다. 어쩌면 강제 집행된 사람들로 신분 여하의 차별이 없이 종들의 강권에 이끌려 온 자들이다. 어쩌면 세상을 즐기던 나와 같은 사람들일 수도 있다. 그러나 왕은 그들 중에서 예복을 입지 않은 친구를 내어 쫓았다.

"임금이 손을 보러 들어올 새 예복을 입지 않은 한 사람을 보고 가로되 친구여 어찌하여 예복을 입지 않고 여기에 들어 왔느냐 하니 저가 유구무언이거늘 임금이 사환에게 말하되 그 수족을 결박하여 바깥 어두움에 내어 던지라 거기서 슬피 울며 이를 갊이 있으리라 하니라"(11-13)

왕이 베푼 혼인잔치를 거절한 사람들도 기이하지만 청함을 받은 사람이 예복을 입지 않았다는 것은 더욱 기이하다. 그러면 예복은 무엇을 뜻하는가?

계시록 기자는 다음과 같이 정의 하였다;
"어린 양의 혼인 기약이 이르렀고 그 아내가 예비하였으니 그에게 허락하사 빛나고 깨끗한 세마포를 입게 하셨은즉 이 세마포는 성도들의 옳은 행실이로다 하더라"(계 19:7,8)

그러면 왕의 잔치에 예복을 입지 않은 '한 사람'은 누구일까? 왕이 그를 "친구"라고 불렀기 때문이다. 사거리에서 데려온 악한 자나 선한 자는 그들을 데려온 종들이 예복을 입혔을 것이다. 그런데 왕의 친구된 그는 왜 예복을 입지 않았을까?

우리는 사도행전 15장에서 예수를 믿은 많은 제사장들이 사도들과 신학적 다툼을 벌인 일들을 알고 있다. 그러므로 만약 오늘 복음에 참여한 사람이 율법 행위로서 의를 이루고자 한다면 그는 의롭지 못할 것이다.

오늘 나는 이 말씀을 보면서 바울이 고린도 교회 제자들에게 "너희가 이미 배부르며 이미 부요하며 우리 없이 왕노릇 하였도다 우리가 너희와 함께 왕노릇 하기 위하여 참으로 너희의 왕노릇 하기를 원하노라"(고전4:8) 책망한 말씀을 생각하게 된다.

사랑하는 나의 하나님! 우리를 혼인잔치에 초대하기 위해 더러운 세상의 옷을 벗기시고 그리스도로 옷 입혀 주심을 감사드립니다. 우리로 이 영화로운 복을 상실치 않게 하여 주옵소서. 아멘.

[핵심연구]
1. 누가 청함을 받은 사람인가?
2. 혼인잔치는 무엇을 뜻하는가?(계시록 19장 참조)
3. 예복을 입지 않았다는 것은 무슨 뜻인가?

저주받을 7가지 신앙의 태도

(마태복음 23:33) 뱀들아 독사의 새끼들아 너희가 어떻게 지옥의 판결을 피하겠느냐

예수님은 서기관들과 바리새인들의 저주받을 위선 행위를 지적하셨다. 이는 장차 하나님의 교회를 이끌고 나갈 그의 제자들에게 하신 경계의 말씀이기도 하다. 그들 또한 서기관과 바리새인들과 같은 전철을 밟을 수 있기 때문이다.

먼저 주님은 "화 있을진저 외식하는 서기관들과 바리새인들이여 너희는 천국 문을 사람들 앞에서 닫고 너희도 들어가지 않고 들어가려 하는 자도 들어가지 못하게 하는도다"(13) 책망하셨다. 이 말씀 속에서 서기관들과 바리새인들도 천국과 관계가 있음을 알 수 있다.

또한 누가는 이 일에 대하여 "화 있을진저 너희 율법사여 너희가 지식의 열쇠를 가져가고 너희도 들어가지 않고 또 들어가고자 하는 자도 막았느니라"(눅 11:52) 기록하였다. 이것으로 그들은 이미 천국에 대한 지식을 알 수 있었고 또한 주의 백성들에게 천국과 관련된 지식을 가르칠 임무가 있음을 알 수 있다.

그러므로 이 말씀은 교회가 장차 그리스도의 왕국에 들어갈 주의 백성들에게 성경의 말씀을 가르치지 않고 여러가지 종교적 행위들로 가득찬 것을 염두에 두고 말씀하신 것이다.

오늘날도 성경을 가르치는 것보다 찬양집회, 성령집회, 전도집회, 선교대회로 성도들을 동원하는 교회가 많다. 그러나 바울은 주께서 복음 사역자를 세우신 것은 성도를 온전케 하며 봉사의 일을 하게 하며 그리스도의 몸을 세우려 하심이라 증거하였다(엡4:11,12).

두 번째로 주님은 위선적인 기도에 대해 "화 있을진저 너희 서기관들과 바리새인 위선자들이여 너희가 과부의 집을 삼키고 겉치레로 길게 기도하는 도다" 하셨다. 이는 그들의 기도의 목적이 물질에 있음을 알 수 있다. 이런 기도는 아직도 교회 안에서 횡횡하고 있다.

세 번째로 주님은 "화 있을진저 외식하는 서기관들과 바리새인들이여 너희는 교인 하나를 얻기 위하여 바다와 육지를 두루 다니다가 생기면 너희보다 배나 더 지옥 자식이 되게 하는도다"(15) 지적하셨다. 이것은 성경의 진리를 왜곡하는 이단적 범죄이다. 그들은 차라리 목사가 되지 않는 것이 훨씬 복 될 것이다.

네 번째로 주님은 "화 있을진저 외식하는 서기관들과 바리새인들이여 너희가 박하와 회향과 근채의 십일조를 드리되 율법의 중한 바 의와 인과 신을 버렸도다 그러나 이것도 행하고 저것도 버리지 말아야 할지니라"(23) 하셨다. 이는 자신들에게 유익한 율법은 엄중하고 하나님의 공의와 자비와 믿음은 소홀히 하는 선택적 율법주의를 지적하신 것이다. 다시 말해 성경 가르침의 절대적 균형을 말씀하신 것이다.

다섯 번째로 주님은 "화 있을진저 외식하는 서기관들과 바리새인들이여 잔과 대접의 겉은 깨끗이 하되 그 안에는 탐욕과 방탕으로 가득하게 하는도다 소경된 바리새인들아 너는 먼저 안을 깨끗이 하라 그리하면 겉도 깨끗하리라"(26) 말씀하셨다. 이는 입으로는 거룩함을 외치면서 마음은 탐욕으로 가득찬 지도자의 세속적인 생활 태도를 책망하신 것이다. 한마디로 호의호식하는 목사를 지적하신 것이다.

여섯 번째로 주님은 "화 있을진저 서기관들과 바리새인들이여 회칠한 무덤과 같으니 겉으로는 아름답게 보이나 그 안에는 죽은 사람의 뼈와 모든 더러운 것이 가득하도다"(27) 책망하셨다. 여기서 주님은 겉과 속이 다른 지도자의 위선된 이중생활을 책망한 것이다.

마지막 일곱 번째로 주님은 "화 있을진저 서기관들과 바리새인들이여 너희는 선지자들의 무덤을 쌓고 의인들의 비석을 꾸미며 가로되 만일 우리가 조상 때에 있었다면 우리는 저희가 선지자의 피를 흘리는데 참예하지 아니하였으리라 하니 그러면 너희가 선지자를 죽인 자의 자손 됨을 스스로 증거함이로다"(29-31)하셨다. 오늘날 각 교단 중심으로 교리적 단합을 도모하는데, 그들은 교단 교부들이 제정한 교리의 모순 됨을 비판하면서도 그 교리를 신봉하는 것과도 같다.

그러면 오늘날 우리 교회는 어떠한가? 아브라함이 그 아내를 판 일을 입에 올리고 또 다윗의 간음을 말하며 나는 절대로 그런 악한 일은 하지 않았을 것이라 말하지 않는가? 그러나 스스로 자신을 돌아 보아야 할 시간이다. 주님! 우리로 온전한 믿음에 들게 하옵소서! 아멘.

[핵심연구]
1. 저주받을 7가지 목록을 묵상하라.
2. 나에게 해당되는 목록을 작성하라.

깨어 있으라

(마태복음 24:42,43) 그러므로 깨어 있으라 어느 날에 너희 주가 임하는지 너희가 알지 못함이니라 너희도 아는 바니 만일 집 주인이 도적이 어느 경점에 올 줄을 알았더면 깨어 있어 그 집을 뚫지 못하게 하였으리라

주께서 깨어 있으라 하신 말씀은 영적자각을 말씀하신 것으로 노아 홍수 때의 사람과 같이 세상살이에 빠져 하나님의 메시지에 둔하지 말라 하신 것이다. 다시 말하여 우리가 먹고 마시고 장가들고 시집 가는 일들과 같이 일상의 향락에 빠져 도덕적으로 타락하지 말라고 경계하신 것이다.

또한 주께서 도적같이 오신다는 말씀은 매우 흥미로운 표현이다. 바울도 "너희는 다 빛의 자녀이니 그날이 도적같이 임하지 못하리라"(살전5:5) 증거하였다. 이것으로 주님께서 하신 이 모든 말씀은 우리 교회를 향하신 것임을 알 수 있다.

계속하여 예수님은 "너희도 예비하고 있으라 생각지 않은 때에 인자가 오리라"(44) 말씀하셨다. 여기서 예비하라는 말씀은 도적과 관련하여 하신 말씀으로 지시적이고 교육적인 의미가 포함되어 있다. 다시 말하여 그날을 위하여 계속적으로 준비하라는 말씀이다.

오늘날 많은 사람들이 교회에 나가 예배를 드리며 여러 가지 교회 프

로그램에 참여하며 신앙생활을 하고 있다. 그런데 문제는 성도들이 과연 어떤 말씀을 듣고 있는지에 대하여는 다시 생각해 볼 일이다. 대부분의 목사들이 교회성장과 물질의 축복에 관한 메시지에 여념이 없기 때문이다. 그러나 성도들이 장래에 곧 일어날 일을 예비치 못한다면 이들은 노아의 홍수 때와 같은 일을 당하고 말 것이다.

예수님은 산상수훈에서 팔복을 말씀하시면서 "누구든지 나의 이 말을 듣고 행하는 자는 그 집을 반석 위에 지은 지혜로운 사람과 같으리니 비가 내리고 창수가 나고 바람이 불어 그 집에 부딪히되 무너지지 아니하나니 이는 주초를 반석 위에 놓은 연고요 이 말을 듣고 행치 아니하는 자는 그 집을 모래 위에 지은 어리석은 사람 같으리니 비가 내리고 창수가 나고 바람이 불어 그 집에 부딪히매 무너져 그 무너짐이 심하니라"(마 7:24-27) 경고하셨다. 이 말씀의 주제는 지혜이다.

계속해서 주님은 "충성되고 지혜 있는 종이 되어 주인에게 그 집 사람들을 맡아 때를 따라 양식을 나눠 줄 자가 누구냐"(45) 물으셨다. 여기서도 주님은 종의 '충성'과 '지혜'를 요구하셨다.

충성이란 변치 않는 마음의 행위를 뜻한다. 또한 지혜란 지식이 우리의 삶에 필요한 많은 정보와 자료들이라고 할 때, 어떤 일과 상황에 대처하는 능력은 지혜이다. 주님은 교회를 훼방하는 악한 영들로부터 교회를 수호하는 지혜를 언급하신 것이다.

그러므로 예수님은 "주인이 올 때에 그 종이 이렇게 하는 것을 보면 그 종이 복이 있으리로다 내가 진실로 너희에게 이르노니 주인이 그 모든 소유를 저에게 맡기리라"(46) 말씀하셨다.

오늘 우리는 이 말씀이 무엇을 의미하는지 잘 알고 있다. 그러므로 대형교회를 짓고 교회성장 운동을 하는 것보다 더 중요한 것은 오직 성령을 따라 진리의 말씀을 가르쳐 성도들을 온전케 하여 모든 일들을 잘 대처하고 장래 일을 준비하게 하는 것이다.

성경 어디에도 사도들이 대형교회를 짓고 성도를 끌어 모으는 데 힘을 쓴 일이 없었다. 오히려 교회가 부흥되기 시작할 때 성도들의 식탁을 섬기는 일보다 말씀을 가르치고 기도하는 일에 전념한 것을 알 수 있다(행 6:1-4 참조).

사랑하는 주님! 나로하여 당신의 말씀을 보게 하심을 감사드립니다. 나로하여 깨닫는 마음으로 당신의 말씀을 가르치게 하심을 감사드립니다. 이제 우리가 더욱 진실되게 실천하는 종이 되게 하소서. 예수님 이름으로 기도합니다. 아멘.

[핵심연구]
1. 깨어 있다는 것은 무슨 뜻인가?
2. 우리는 무엇에 깨어 있을 것인가?
3. 깨어 있기 위해서 먼저 해야 할 일은 무엇인가?
4. 충성은 무엇을 뜻하는가?
5. 지혜와 지식의 차이는 무엇인가?

결산의 날

(마태복음 25:13) 그러므로 깨어 있으라. 너희가 인자가 오는 그날도 그 시각도 알지 못하느니라

마태복음 24장 서두에서 제자들은 예수님께 성전이 파괴되기 전에 나타나는 표적이 무엇인지 그리고 어떤 표징과 그 시대가 끝나기 전에 어떤 일이 일어날 것인지에 대하여 물었다.

이에 예수님은 자신의 재림 전에 일어날 징후들과 사건들과 재림 때에 나타날 여러 가지 표적들에 대해 말씀하시며 그리스도의 왕국을 세우기 위해 영광의 구름을 타고 오실 것을 약속하셨다. 그러므로 주님은 제자들에게 종말의 날에 대하여 예비할 것을 스스로 준비하라고 당부하셨다.

오늘 25장 첫 비유는 신랑을 맞으러 나간 열 처녀 비유이다. 이는 재림을 기다리는 우리 모든 성도들을 뜻한다. 우리는 예수 그리스도의 신부이기 때문이다. 그러나 신랑이 더디 오므로 모두가 다 졸며 잠이 들었다. (잠든 것은 열 처녀 모두 같은 상황이었다)

시간이 되자 밤중에 신랑이 오는 소리를 들은 다섯 처녀들은 일어나 등불을 준비하는데, 게으른 다섯 처녀는 기름을 준비한 다섯 처녀들에게 기름을 꾸어 달라고 청하였다. 그러나 슬기로운 처녀들은 우리와 너희가 쓰기에 부족하니 파는 자들에게 가서 너희 쓸 것을 준비하

라 답하였다. 그러나 불행하게도 그들이 기름을 사러 나간 사이 신랑이 와서 예비하였던 자들은 함께 혼인잔치에 들어가고 문이 닫혀 버렸다. 그 후에 남은 처녀들이 와서 주여 주여 우리에게 열어 주소서 하니 주께서 "내가 너희를 알지 못하노라" 대답하셨다.

기독교계에는 열 처녀들의 비유에 대한 해석이 분분하다. 그러나 우리는 해석을 찾기보다는 비유를 이해하는 것이 중요하다고 생각된다. 나는 개인적으로 열 처녀는 교회 전체라고 생각한다. 그리고 지혜 있는 다섯 처녀는 예수님의 재림을 준비한 참된 지체들이다.

그러면 어리석은 다섯 처녀는 누구인가? 그들은 그리스도의 오심을 믿고 있지만 성경의 말씀보다 세속적 삶을 살던 육신적 크리스천일 것이다. 이들은 천국 잔치에 초대를 받고도 예복을 입지 않은 사람과도 같다.

이미 예수님은 교회의 문제점들에 대하여 "천국은 마치 사람이 자기 밭에 갖다 심은 겨자씨 한 알 같으니 이는 모든 씨보다 작은 것이로되 자란 후에는 나물보다 커서 나무가 되매 공중의 새들이 와서 그 가지에 깃들이느니라"(마 13:31,32) 말씀하셨다.

이 말씀을 분석하면 '사람이 자기 밭에 겨자씨를 심었다'는 것은 교회의 개척 의도가 처음부터 잘못된 것을 뜻한다. 그리스도의 나라는 자기밭이 될 수가 없기 때문이다. 그러므로 나물과인 겨자씨가 나무만큼 비정상적으로 성장했다는 말이다. 그러므로 사탄이 깃드는 것이다. 이는 이만희의 신천지, 문선명의 통일교를 예를 들 수 있다.

또한 주님은 천국은 "여자가 가루 서말 속에 갖다 넣은 누룩이 부풀린 것과 같다" 말씀하셨다. 여기서 누룩은 죄의 속성을 뜻한다. 그러므로 어떤 목사가 죄를 용납하면 교회는 망한다는 뜻이다. 그럼에도 오늘날 동성애를 인정하는 목사와 교회가 얼마나 많은가 생각해 보라.

오늘날 우리는 많은 교회들이 배도하는 것을 보고 있다. 거짓 목사들에 의해 표현된 성경에 대한 회의론적인 불신앙이 누룩처럼 번져 성도들은 진리에서 벗어나 불의한 생활에 빠져 버리고 그러면서도 자신들은 거룩한 그리스도인이라고 착각을 하고 있다.

그러므로 이제 우리는 성령의 기름을 준비해야 한다. 기름을 준비한다는 것은 진리의 말씀 안에서 성령의 인도함을 받는 지혜로운 성도의 삶을 뜻한다. 이제 당신이 선택할 차례다. 그러나 선택의 폭은 넓지 않다. 결국 5: 5 곧 1: 1 비율이기 때문이다.

사랑하는 주님, 실로 주의 오심이 가까운 때를 살고 있습니다. 주께서 미리하신 말씀들이 서서히 우리 앞에 펼쳐지고 있음을 느낍니다. 우리로 끝까지 깨어 있어서 그날의 영광을 보게 하소서. 예수 그리스도의 이름으로 기도합니다. 아멘.

[핵심연구]
1. 열 처녀는 누구를 비유한 것인가?
2. 열 처녀의 비유는 어느 때의 비유인가?
3. 다섯 처녀가 준비한 기름은 무엇의 비유인가?

육체와 마음의 갈등

(마태복음 26:40-41) 제자들에게 오사 그 자는 것을 보시고 베드로에게 말씀하시되 너희가 나와 함께 한 시 동안도 이렇게 깨어 있을 수 없더냐 시험에 들지 않게 깨어 있어 기도하라 마음에는 원이로되 육신이 약하도다 하시고

베드로는 평소에 의리만큼은 자신 있다고 생각했던 것 같다. 어쩌면 베드로의 생활신조였을지도 모른다. 그렇기 때문에 동료 어부들 중에서 리더가 되었을 것이다. 또한 베드로는 다른 제자들보다 예수님을 더 사랑한다는 우월감을 갖고 있었고 자신은 수제자로서 주님을 지킬 수 있을 것이라고 생각해 왔던 것 같다.

제자들이 감람산에 이르렀을 때 예수께서 스가랴의 예언을 인용하여 "내가 목자를 치리니 양의 떼가 흩어지리라"고 말씀하시자 베드로는 "다 주를 버릴지라도 나는 언제든지 버리지 않겠다" 호언장담하였다. 참으로 의기투합한 언행이지만, 그러나 베드로의 이러한 태도는 예수님의 말씀에 대한 도전이며 성경 예언에 대한 도전이다.

이에 주님은 베드로에게 "오늘 밤 닭 울기 전에 네가 세 번 나를 부인하리라" 말씀하셨으나 이때에도 베드로는 "내가 주와 함께 죽을지언정 주를 부인하지 않겠다"고 호언장담하였다. 물론 예수님을 향한 베드로의 열정은 높이 사고 싶다. 그동안 그는 열정적으로 주를 따르며, 주님을 위해 목숨도 바치겠다고 작정했을 것이다.

이와같이 우리는 자신의 믿음에 대하여 호언장담할 때가 있다. 이것은 한치 앞을 알지 못하기 때문에 자기의 감정을 따라 하는 말이다. 그러나 사람은 자기 중심으로 살아가기 때문에 상황에 따라 감정이 변하고 마음이 바뀌게 된다.

이에 예수님은 겟세마네 동산에서 제자들에게 사람의 육체가 얼마나 약한가를 몸소 체험하게 하셨다. 주께서 세 번이나 "나와 함께 깨어 있어 기도하라"고 당부하셨음에도 베드로와 제자들은 눈꺼풀에 돌을 얹은 것처럼 졸고 있었다.

예수님은 제자들이 자는 것을 보시고 베드로에게 "너희가 나와 함께 한 시 동안도 이렇게 깨어 있을 수 없느냐"(40) 하시며 "시험에 들지 않게 깨어 기도하라" 당부하시며 "마음에는 원이로되 육신이 약하도다"(41) 하시고 세 번째 다시 오셔서 "이제는 자고 쉬라 보라 때가 가까 왔으니 인자가 죄인의 손에 팔리느니라"(45) 말씀하셨다.

이와 같이 인간은 자신의 의지와 다르게 마음으로는 원하고 확신하면서도 실제 상황에 이르면 뜻대로 하지 못할 때가 있다. 그 이유는 "연약한 육신" 때문이다. 이것은 주님에 대한 사랑이나 헌신이나 의지에 관한 문제가 아니라 육체의 한계 때문이다. 이것이 베드로의 실패의 원인이었다.

그러므로 우리는 항상 영적으로 깨어 있어 "예수님 나는 주님을 사랑합니다. 우리는 주님을 사랑하고 우리가 가진 모든 것으로 주님께 봉사하기를 원합니다. 부디 나의 육신의 약함을 도와주십시오"라고 기도해야 한다.

예수님은 우리의 체질이 흙인 것을 아신다. 그럼에도 정작 우리는 자신의 체질을 인식하지 못하고 자신은 대단한 지혜와 능력을 갖고 있다고 착각하기 일쑤다. 이러한 자신감 때문에 실패할 때가 많다, 결국 인간은 실패 가운데 가슴을 치며 베드로에게 하신 말씀을 떠올리며 "나는 닭대가리보다 못한 자로다" 탄식하게 된다.

우리는 그리스도 예수 안에서 선한 일을 위하여 지으심을 받은 자들이다. 그럼에도 우리는 항상 자기 중심적으로 생각하고 말하고 행동한다. 때로는 굳건한 의지를 갖고 호언장담하지만 거센 현실 앞에서는 한 순간에 무너져 버린다. 그러므로 자신의 연약함을 깨닫고 오직 주께서 나와 함께 동행하실 때에 내가 무엇이든지 할 수 있다는 신앙고백을 하여야 할 것이다.

사랑하는 예수님! 오늘 우리는 베드로를 통하여 나 자신의 어리석음과 당돌함을 보게 됩니다. 말씀에 깨어 살자고 하면서 늘 세상의 흐름 속에서 기뻐하고 있습니다. 그러나 우리가 믿는 것은 택하신 자를 버리지 않으신다는 주님의 약속입니다. 주의 영화로운 날까지 나를 지켜 주시옵소서. 예수 그리스도 이름으로 기도합니다. 아멘.

[핵심연구]
1. 깨어 있으라는 말씀은 무슨 뜻인가?
2. 베드로는 그 절박한 시간에 왜 졸고 있었을까?
3. 그 배경은 무엇이며 우리에게 무엇을 깨우치고 있는가?
4. 당신에게 닭이 울 때가 있었다면 그것은 복이다. 언제였는가?

어찌 나를 버리셨나이까?

(마태복음 27:46) 제구시 즈음에 예수께서 크게 소리질러 가라사대 엘리 엘리 라마 사박다니 하시니 이는 곧 나의 하나님 나의 하나님 어찌하여 나를 버리셨나이까 하는 뜻이라

마태복음 27장은 예수 그리스도의 장엄한 십자가 고난에 관한 내용이다. 어쩌면 이 말씀은 성경 전체에서 핵심이 되는 가장 중요한 사건이 될 것이다. 마태는 제자 된 입장에서 하나님의 아들이자 스승이신 그리스도의 고난의 현장을 리얼하게 진술하였다.

오늘 우리는 이 내용들을 구태여 신학적인 특별한 의미로 조명할 필요는 없다. 다만 예수 그리스도의 십자가의 못 박히심은 우리를 향하신 하나님의 온전한 사랑을 그 아들 예수 그리스도로서 온전히 표현하신 은혜로서 생애 최고의 선물임을 기억해 둘 필요가 있다.

유대인은 오전 6시부터 오후 6시까지를 열두 시간으로 구분하였으므로 제육시는 정오가 된다. 따라서 예수님은 오전 9시에 못 박혀 정오까지 십자가 위에 계셨던 것이다. 그런데 기이하게도 가장 해가 높이 떠 있을 시간에 온 땅에 어둠이 임하였고 이 어둠은 오후 3시까지 이어진 것이다.

오후 3시 즈음에 예수께서 크게 소리 질러 "엘리 엘리 라마 사박다니" 곧 "나의 하나님 나의 하나님 어찌하여 나를 버리셨습니까" 외치

셨다. 여기서 엘리는 하나님을 칭하는 히브리어 '엘'에 1인칭 접미사를 붙인 것으로 곧 '나의 하나님'이란 뜻이다.

예수님의 이 선언은 이미 시편기자를 통하여 "내 하나님이여 내 하나님이여 어찌 나를 버리셨나이까 어찌 나를 멀리하여 돕지 아니하옵시며 내 신음하는 소리를 듣지 아니하시나이까"(시 22:1) 계시된 말씀이다. 예수님은 십자가 위에서도 시편의 말씀을 성취하신 것이다.

그러므로 주님의 이 외침은 앞서 겟세마네 동산에서도 아버지께 "이 잔이 내게서 지나가게 하옵소서 그러나 나의 원대로 마옵시고 아버지의 원대로 하옵소서"(39) 간구하신 것처럼 하나님의 계획에 대한 절대적인 성취를 표명하신 최후의 간구라고 볼 수 있다.

그러므로 이 말씀들은 직역하는 것보다 반어법으로 음미해야 할 것이다. 다시 말하여 "하나님 아버지 부디 아버지의 아들이 십자가에 죽임을 당해야만 했던 하나님의 계획을 실천해 주십시오"라는 예수님의 복음적 절규인 것이다.

그 당시 이 말씀의 깊은 뜻을 헤아리지 못한 어떤 사람들은 "저가 엘리야를 부른다"(막 15:35) 말하기도 하고, 오늘날에도 악심을 가진 이단교도들은 예수는 스스로 아버지께 버림을 당한 것을 실토하였으므로 메시아 사역에 실패한 자라고 말한다.

그러나 성경은 이들에 관하여는 이미 "저희는 이성 없는 짐승같이 본능으로 아는 그것으로 멸망하느니라"(유 1:10) 저주하였다.

성경은 "오직 우리가 천사들보다 잠깐 동안 못하게 하심을 입은 자 곧 죽음의 고난 받으심을 인하여 영광과 존귀로 관 쓰신 예수를 보니 이를 행하심은 하나님의 은혜로 말미암아 모든 사람을 위하여 죽음을 맛보려 하심이라"(히2:9) 기록하였으며, 다시 "그는 우리를 위하여 자신을 버리사 향기로운 제물과 생축으로 하나님께 드리셨느니라"(엡 5:2) 증거하였다.

이 얼마나 큰 은혜인가? 하나님의 아들이 사람으로 오신 것과 나의 죄를 위해 자신의 몸으로 산제사를 드려 나와 하나님을 화목케 하셨으니 이제 내가 그를 위해 무엇을 해야 하는가? 오직 온전한 그리스도인의 삶으로 그의 은혜에 보답하는 것 뿐이다.

사랑하는 예수님! 주의 거룩하심과 위대하심과 영화로움을 송축합니다. 십자가 위에서 생명을 토하여 우리를 구원하셨사오니 우리가 주의 은혜와 사랑을 힘입어 더 큰 믿음으로 그리스도의 왕국에 들어갈 것입니다. 그날이 임하도록 우리를 진리로 거룩하게 하시옵소서. 거룩하신 우리의 주 예수님 이름으로 기도드립니다. 아멘.

[핵심연구]
1. "엘리 엘리 라마 사박다니"는 무슨 뜻인가?
2. 이 말씀은 당신에게 무슨 의미가 있는가?
3. 주님의 십자가 위에서의 7언을 묵상하라.

예수 그리스도의 지상명령

(마태복음 28:19,20) 그러므로 너희는 가서 모든 족속으로 제자를 삼아 아버지와 아들과 성령의 이름으로 세례를 주고 내가 너희에게 분부한 모든 것을 가르쳐 지키게 하라 볼지어다 내가 세상 끝날까지 너희와 항상 함께 있으리라

예수님은 하늘에 오르시기 전, 제자들에게 그들이 행하여야 할 중대한 명령을 내리셨다. 이것은 주께서 부활하신 후 40일 동안 사시며 여러 가지를 가르치신 후 승천하시기 전에 하신 말씀이다. 우리는 이 말씀을 예수 그리스도의 지상명령이라고 말한다.

우리는 이와 관련하여 흥미로운 내용을 보게 되는데, 마태는 "열 한 제자가 갈릴리에 가서 예수의 명하시던 산에 이르러 예수를 뵈옵고 경배하나 오히려 의심하는 자도 있더라"(16,17) 기록하였다.

눈 앞에서 부활하신 예수님을 보면서도 그의 살아나심을 의심하는 자들이 있었다니 참으로 기이한 일이다. 그만큼 불신앙은 현실에 나타난 이적까지도 무시한다. 콩으로 메주를 쑤어도 믿지 못한다는 말이 무색하다.

예수님은 먼저 제자들에게 "하늘과 땅의 모든 권세를 내게 주셨다"(18)고 말씀하셨다. 이는 하늘과 땅의 통치자로서의 지위와 권세를 말씀하신 것이다. 그러므로 바울은 "모든 정사와 권세와 능력과

주관하는 자와 이 세상뿐 아니라 오는 세상에 일컫는 모든 이름 위에 뛰어나게 하시고 또 만물을 그 발 아래 복종하게 하시고 그를 만물 위에 교회의 머리로 주셨느니라"(엡 1:21,22) 증거한 것이다.

예수님의 지상명령은 크게 둘로 나눌 수 있다. 그 첫번째는 아버지와 아들과 성령의 이름으로 세례를 주는 것이다. 그러기 위해서는 주께서 기름부으신 그리스도의 제자들이 세상 사람들 속으로 나아가 성부 성자 성령의 이름으로 세례를 베풀고 복음의 제자로 삼아야 한다.

여기서 말씀하신 세례는 오늘날 우리 교회가 행하는 것 같은 세례의식을 뜻하지는 않는다. 주께서 말씀하신 세례란 예수 그리스도와 함께 죽고 그리스도와 함께 살아나는 믿음의 고백과 증거이며, 예수 그리스도와 한 몸이 되고 그의 영 안에서 성도의 지체 곧 하나님의 교회를 지어 가는 것을 뜻한다.

그러므로 중요한 것은 제자사역이다. 제자사역이란 복음을 가르치는 스승과 제자의 관계를 맺는 것으로 성도들이 설교의 대상이 아니고 스승과 제자간의 신뢰의 관계가 설정되어야 하는 것이다. 그래야 아버지와 아들과 성령의 이름으로 세례를 베풀어 함께 그리스도의 지체가 될 수 있는 것이다.

두번째 지상명령은 첫번째 명령을 완성하는 과정이다. 복음의 제자사역이 시작되었다면 그들의 삶이 그리스도의 거룩함과 의로 거듭나야하기 때문이다. 그러므로 주님은 "내가 너희에게 분부한 모든 것을 가르쳐 지키게 하라"(20) 명령하셨다.

여기서 '모든 것'이라는 것은 그 내용과 과정이 쉽지 않다는 것을 알게 한다. 이것은 회개와 성령의 세례와 믿음과 의인된 삶의 원리에서 그리스도의 날에 이르는 모든 과정을 포함한다.

오늘날 우리 교회의 모순이 있다면 성경에 기록된 모든 하나님의 말씀을 가르치지 않는 것도 있지만 그 말씀을 지키지 못하는 데 있다. 가르치지 않았기 때문에 지킬 수 없는 것은 당연하다. 그러므로 제자 사역은 성경 전체를 가르치는 일과 그 가르침대로 살아가도록 실천적 영적관리를 하여야 하는 것이다.

사랑하는 예수님! 주님은 세상 끝날까지 우리와 항상 함께 계신다고 약속하셨습니다. 우리는 그 말씀대로 될 것을 믿고 주께서 우리에게 명하신 모든 말씀을 가르치고 또 지키게 할 것입니다. 이것이 주께 부르심을 받은 우리 사역의 본분인 것을 잊지 않게 하소서. 예수님의 이름으로 기도합니다. 아멘.

[핵심연구]
1. 첫 번째 지상명령은 무엇인가?
2. 두 번째는 지상명령은 무엇인가?
3. 왜 말씀을 가르치고 지키게 하는 것이 중요한가?
4. 오늘날 우리 교회의 문제점은 무엇인가?

갈보리채플 사역비전

(히 4:10) 이미 그의 안식에 들어간 자는 하나님이 자기 일을 쉬심과 같이 자기 일을 쉬느니라

우리는 하나님의 사랑은 온 인류를 향한 것이며, 그 아들 예수님을 보내시어 인류의 죄를 위하여 십자가에 죽게 하시고 사흘 만에 부활하신 것을 믿는다. (고전 15:3,4)
- 그러므로: 우리는 죄 사함과 부활의 주 예수 그리스도를 전파한다.

우리는 모든 성경은 하나님의 감동으로 된 것으로 교훈과 책망과 바로잡음과 의로 교육하여 하나님의 사람을 온전케 하며 모든 선한 일에 철저히 구비되게 하려는 것을 믿는다. (딤후 3:16,17)
- 그러므로: 우리는 하나님의 말씀을 가르치는 일에 힘쓴다.

우리는 복음의 진리 안에서 성숙하고 온전한 그리스도의 몸된 교회를 세우기 위해 하나님께서 그의 사역자를 세우시는 것을 믿는다. (엡 4:11,12)
- 그러므로: 우리는 가서 모든 족속으로 제자를 삼는다.

우리는 그리스도 안에 오직 한 몸이며, 비록 각 교회에 여러 가지 다른 점이 있을지라도, 예수 그리스도로 말미암아 성령 안에서 우리 모두가 하나임을 믿는다. (엡 4:4)
- 그러므로: 우리는 성령 안에서 하나 되게 하실 것을 힘써 지킨다.

갈보리채플 서울교회 (02. 546. 5811)
갈보리채플 성경대학 (www.ccbc.co.kr)